ドラッカー×社会学

コロナ後の知識社会へ

井坂康志
多田　治

公人の友社

はじめに――知識と社会の二重性

多田　治

「知る」をテーマにした本をつくりたいね、という二人の思いから、本書の企画は始まりました。「知る」とは何だろう、どういうことだろう。大変な世の中にあっても、知るのは楽しい。知ることで生きる勇気やエネルギーをもらえ、世界が豊かになる。こういう共通認識をもつ二人が、片や社会学に旅・観光、片やドラッカー研究にビジネス実践という、異なるバックグラウンドの知見を持ち寄り、対話を重ねることで、一冊の本を編もうということになりました。

きっかけは2018年、井坂さんの『P・F・ドラッカー――マネジメント思想の源流と展望』（文眞堂）の刊行でした。この本を書評するなかで、私はドラッカーの知識社会論やマネジメント、社会生態学の営みが、私の専門である社会学と重なる点が多いことに気づきました。ドラッカー関連の研究会や学会の場で、何度かプレゼンや議論の場をもらい、積み重ねた知見が、本書に生かされています。

また私はこの5年ほど、一橋大のゼミで『多田ゼミ同人誌・研究紀要』という自前の媒体を25号ほど刊行しており、井坂さんも寄稿で参加してくださってます。そこにはアカデミックな硬い文章だけでなく、写真豊富な紀行文やエッセイ、詩、音源・動画なども収録します。つくるだけでなく、ゼミで感想共有やレビューの場を設け、フィードバックを行います。今やこの同人誌自体が、ひとつの〝文化〟〝知識環境〟を形成してきました。

一方で、大学教育の現場に長年たずさわる中、学問や勉強が「単位・学位」「就職・出世」の手段や道具と化すのを、歯がゆく思ってきました。そうした傾向や現場への圧力は近年、ますます強まっています。知識の習得が形骸化し、受動化されてしまえば、教育・学校ほど重苦しく抑圧的な場も、そうないでしょう。「知る」こと、知識の形成・獲得・生かす実践のプロセスは、もっと個々人に内発的で楽しく、創造的な営みであってよいものであるはずです。そのことを伝える（思い出してもらう）ためにも、本書は編まれました。

学問だからと、過度に身がまえる必要はありません。学問や認識はそれ自体、エキサイティングなカルチャー、アートの営みでもあります。私は最近、学問と文化と旅行を、ざっくり同じ地平でとらえています。「**知識の吸収・伝達・表現**」をする点では、共通するからです。

これまで私は沖縄の観光を研究テーマにしてきましたが（『沖縄イメージの誕生』、『沖縄イメージを旅する』）、旅・観光と社会学は、眼前の風景や現実とまるごと向き合い観察し、理解するという点で、共通した志向性をもっています。

また、私は最近では、観光と歴史と社会学（理論）を3つの軸に、400～500年という長期のスパンで、日本なら江戸時代以降、近世～近現代の社会変容や国家形成、そこに旅・移動が果たした役割などを、とらえ返す作業を続けています。

ドラッカーのいう知識は、分析以前の〈知覚〉に力点を置いています。旅・観光において、移動しながら風景をまなざす行為は、〈知覚〉を通してその場所を知る営みなのですね。ドラッカーの知識社会の議論は、旅や観光にも適用してゆくことができましょう。

社会の現実の半分は、頭のなかの世界だ

社会学でいう「現実」には、人びとの主観も含まれています。特に「リアリティ」といえば、客観的で物理的な現実を指すよりは、人びとが「これが現実だ」と受けとる感覚、主観的な現実感覚のほうに重点が置かれがちです。結局「現実」とは、客観的・物理的に起こった現実と、それを人びとが知覚し、意味づける主観的な現実とが、合わさったものなのですね。客観と主観が二重性をなして現実を形づくっていることを、私は**リアリティの二重性**と呼び表してきました。

私はこうした現実の二重性を、このような簡略図で説明しています。社会的世界は、客観的でマテリアルな現実と、それをとらえる主観・ことば・知識から成り立っているのです。

人びとが発する言葉やイメージ、知識は、単に現実を知覚し、映し出すだけの受動的なものにとどまりません。言葉や知識はそれ自体、能動的に新しい現実を構築する力をもっています。物理・生物の世界の因果法則とは異

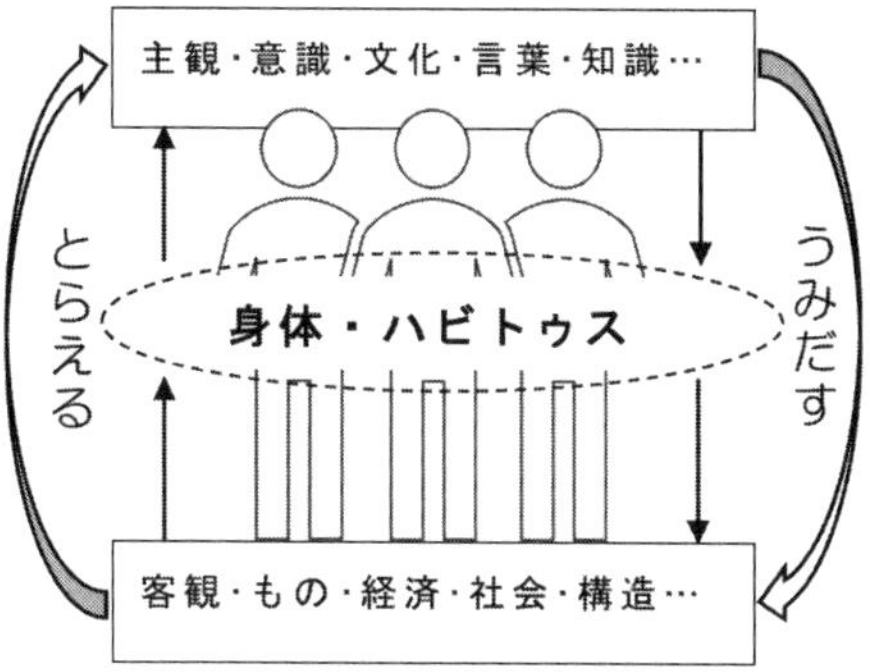

現実の二重性

なり、人間の意味づけレベルの、上増しがあるのですね。現実をとらえる主観的な言葉やイメージ、知識が、むしろ現実を生み出し構築していく。こういった見方を、社会学では**構築主義**と呼びます（例：ジェンダーの「男らしさ／女らしさ」）。本書のモチーフである「**知識が社会をつくる**」の側面です。

現実とは、人びとの知覚や主観込みの現実なのです。それが物理的・客観的に起こっていても、誰かの知覚や主観を通して切りとられ、形をなしてもゆきます。この現実と表象、主観と客観の循環をどうとらえるかが、社会学の重要テーマの一つとなってきたんですね。

沖縄イメージ、大河ドラマ――事実とズレたイメージも、現実を形成している

わかりやすい例を挙げてみましょう。沖縄は今や、年間数百万人の観光客が訪れる、日本の南国リゾートになっています。しかし同時に、日本最大の軍事基地が広がる場所でもあり、在日米軍基地の約70％が集中しています。太平洋戦争末期には、本土決戦を食い止める防波堤となり、地上戦で20万人もの死者を出した場所です。しかし今では、「海がきれいで、あったかくて、のんびりした」楽園リゾートとしても、広く知られています。それは、なぜなのでしょうか。

基地とリゾートは、どちらも沖縄の現実の一面をなしています。戦争・基地の現実からズレた楽園イメージが、また別の現実をうみだし、構築してきたわけですね。

もうひとつ歴史上の人物として、幕末維新の雄・西郷隆盛は、NHK大河ドラマなどでも常連で、近年も「西郷どん」が放映されました。実際の西郷は、描かれているよりもっと複雑な人物だったようですが、今やこの「素朴でおおらか」キャラが浸透して、国民的に広く共有された「主観的な現実」

となっています。坂本龍馬も同じように言えるでしょう。

沖縄にせよ西郷にせよ、事実でなく作り物のイメージ・主観が、また別の新たな現実を形成してきたわけです。ダニエル・ブーアスティンが『幻影の時代』で指摘したように、イメージは我々の経験を単純化するのでなく、むしろ複雑にしてゆくのですね。先に述べたように、言葉やイメージ、知識は、単に「すでにある」現実を映す受動的なものでなく、能動的に現実をうみだす力をもっています。現実をとらえる情報・媒体（メディア、スマホ、SNS）が、逆に現実を形づくり、方向づけてゆく面です。

知識社会としての近代・現代

ところで、社会学という学問には、ひとつの大前提があります。主に「近代」の社会を扱う点です。社会学そのものが19世紀の近代化で成立した、西洋近代の産物なのです。

当時の「社会」の範囲は、実はほぼ「国家」でした。国境で仕切られた領土をもつヨーロッパ型の国民国家（nation states）を指して、社会学者は「社会」を考えました。

では、日本の場合はどうでしょう？　幕末維新の時代には、「西洋型の近代国家」をつくることが、

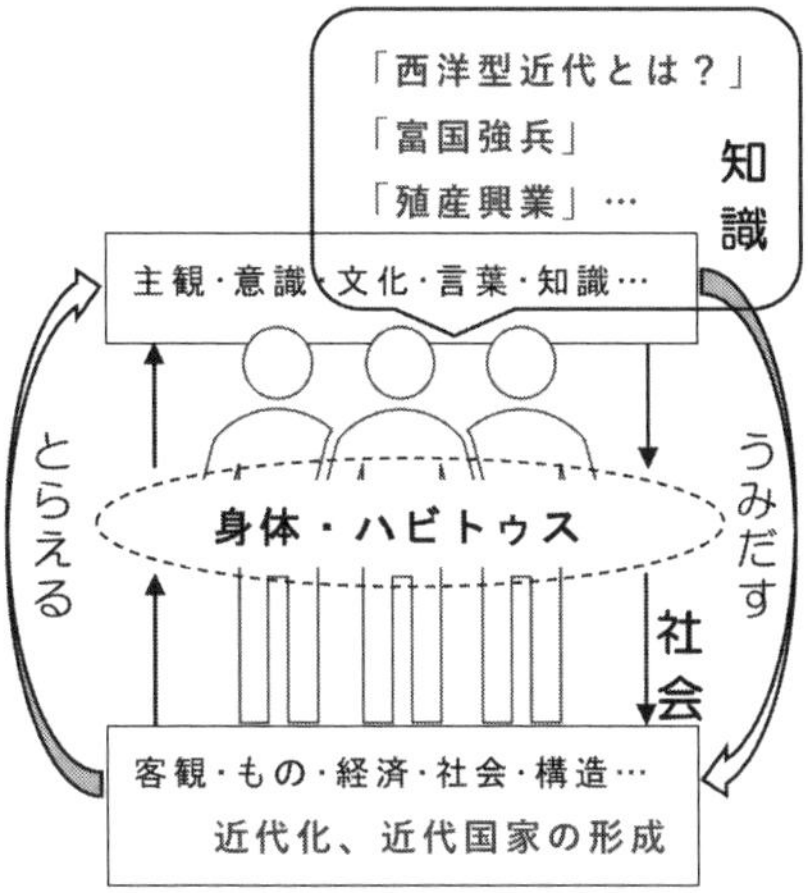

現実の二重性

喫緊の課題となっていました。すなわち、①「西洋型近代とは何か」を知識として取り入れながら、②近代化を推し進めていったわけです。①と②は前頁の図のように、知識と社会の二重性、循環をなしていました。「知識が社会をつくる」の典型であり、歴史の重要性がわかります。

その局面で重要な役割を果たし、①と②の両面で貢献した人物に、昨今注目を集めている、渋沢栄一がいます。

ドラッカーが日本の明治維新、特に渋沢栄一の活動に注目したのは、150年前、幕末維新期の日本が「西洋型近代とは何か」を少しずつ学びながら、まさに教育（人材育成）や知識を通して内発的に、非欧米の自分たちにもナチュラルな形で、近代化をなしとげた局面の貴重さにおいてでした。そこにはドラッカーのいう知識社会の原型を見ることもできましょう。彼のいう知識は、分析以前の知覚に力点を置いています。彼が日本の文人画や禅画を好んだのも、江戸～明治期の日本人の美意識や全体的知覚を高く評価し、多くのヒントを得ていたからでもあります。

ひるがえって今日、コロナ禍の困難な状況を迎え、出口の見えないトンネルを進む日々を我々は強いられていますが、その中で今後も知識社会、すなわち知識が重要な資源となる傾向は、いっそう強まるでしょう。もともとこの社会は苦難や危機に陥るたび、知識社会を形成し発展させることで、何度も乗り越えてきています。歴史を参照し、知識・叡智を力として役立てることで、今回の困難さえも、次なる社会のイノベーションの機会へと転換してゆける。本書は、読者の皆さんのそうした取り組みに、一助となることをめざしています。

［目次］

1章　知識社会とは何か

井坂康志

1節　『断絶の時代』と知識社会論

知識社会の地図

今から半世紀ほど前、一冊の書物が世界的なベストセラーになりました。タイトルは『断絶の時代』、著者はピーター・ドラッカーという人物です。

『断絶の時代』は、今でいうグローバル化やイノベーション、シンボル経済などの問題について先端的な時代認識を開示した本です。この本を書いたとき、ドラッカーは60歳、経営学者としては世界的な名声を博していました。彼に対して当時の人びとは、「ドラッカーってこんな本も書くのか」と驚いたというのです。

当時の人々が目を開かれたのは、『断絶の時代』において、「知識」がもつ意味について実にスリリングな見解が示されていたためでした。そもそもドラッカーの本はいわゆる論文や学術書ではなく、おおかたはエッセイ的もしくは散文的であり、テーマや文体、語り口などはかなり自由な書き方になっています。ある意味で、ビジネスパーソンや自営業者などにもカジュアルに理解してもらえるだけの、縛りのない読み物性を特徴としています。

ドラッカーの文体を「縛りのない」ものと述べましたが、彼は『断絶の時代』を世界中の読者のために書いていました。書かれていることを「なるほど」と膝を打ってくれる人たちの多くは、会社や行政機関などの現場で働く人たちです。ささやかではあるけれど、大切な仕事をしている人たちに納得してもらえなければわざわざ本を書く甲斐がない、そう思っていたのです。

事実、ドラッカーの説く知識には、世界の変化の帰趨を現実的に正確に理解するうえで、有効性の高い視点が多く含まれていました。

一つとして、知識というものはいわゆる「紙上の知識」、専門的な見解やエビデンスによるものばかりではないという見解があります。知識全体から見れば、それらはごく一部に過ぎないのであって、多くの知識はすでに私たちの生活や仕事のなかにあって働いてくれているというのです。あたかも私たちの内臓や呼吸器が、意識せずして必要な生命維持活動を行ってくれているようにです。

『断絶の時代』で述べられている知識論を、少々思い切って要約してしまえば、①私たちを取り巻く知識世界の現実は、生活や仕事などの現場に一体化したものがほとんどであること、②それらを改めて見直して、意識的に活用することが、次なる世界にとって大きな発展をもたらしてくれる、という二点にあったといってよいでしょう。

日本の戦後経済

『断絶の時代』との個人的な思い出を少しお話ししたいと思います。

私は1997年に出版社に入り、その年に『経済白書』などの執筆で高名なエコノミスト・金森久雄氏（当時、日本経済研究センター会長）にお目にかかる機会を得ました。下村治氏などとともに、高度経済成長期を支えた理論家として知られ、戦後経済史の生き証人です。

私は大学で経済学の勉強をしてきたのですが、経済学というと理論的には精緻でなかなか格好がいいながらも、実は現実に照らして今一つぴんとこない学問だと感じていました。

けれども、金森氏の語る経済はとにかくわかりやすかったのです。話を伺うことで経済理論の理解が一気に深まったわけではないのですが、戦後の日本経済という血の通った「生態」に対して、俯瞰的な目配りが大切であることはよくわかりました。

もう一つの発見は、金森氏がドラッカーを愛読していたことでした。「ドラッカーは経済学者ではないが、経済についても深い洞察を示しており、私はドラッカーから強い影響を受けている」と述べたのです。とくに『断絶の時代』からの引用が多かったのは、金森氏がリアルタイムで見聞した時代状況がそのまま記述されていたためでしょう。かくして金森氏の尊敬するドラッカー、つまり師が師と仰ぐ人の本を読めば生きた経済の

『断絶の時代』

1969年に刊行されたドラッカーの書物。文明批評書としては代表作の一つに数えられる。知識社会の到来を宣言した書物として、刊行当時からベストセラーとなり、「断絶」の語は流行語にまでなった。

ことも多少わかるようになるかと思っていたところ、偶然神田神保町の古本街で『断絶の時代』を見つけて即座に入手したのでした。

『断絶の時代』を読むと、金森氏の言われていたことが少しわかった気がしました。金森氏は、戦後日本経済の実務的なフィールドの中で、あくまでも実践的関心から社会科学の書物を読んできた方でした。関心は理論ではなく、現実への適用のほうにあったのです。

しばしば金森氏は「現実というものは、人間が頭の中で考えるよりもはるかに複雑である」と言われていました。この言葉の重さは、経験を重ねるほどに身に沁みてきました。私が学生時代に知るべきでありながら、知らずにいたことは、ほとんどこの一文に含まれていたと思います。

余談になりますが、『断絶の時代』は、今でも完全に理解できた気はしません。読むたびに、印象が変わるのです。というのも、『断絶の時代』は、知識社会の見取り図が示された書物だからです。執筆時点で「わかったこと」が書かれており、「わからないところ」はそれぞれ読み手が考えるという書き方になっています。つまり読み手は、自らの現在地点と目指すポイントを、のびやかな空白とともに、半ば強制的に考えさせられるしかけになっているのです。暗号解読に似ていて、部分的に意味のわかるところがあるかと思うと、飛躍しているように見えるところがある、残欠だらけの地図なのです。一つの主題と別の主題が意味を獲得するには、自分で考えなければならない、そういう種類の本です。

仮想敵としてのモダン

話を戻したいと思います。

ドラッカーの友人でもあったメディア学者のマーシャル・マクルーハンは、『メディア論』の序文でこんなことを書いていました。彼が本の執筆にかかるとき、編集者から、こんなことを言われたというのです。

「あなたの素材の75パーセントが新しい。本として当たるためには10パーセント以上新しいことがあるようではいけない」（M・マクルーハン『メディア論』）

私もまた、編集や物を書くことをしてきましたが、「本として読者に手に取ってもらうためには、すでに知っていることを中心に書かなければならない」というのは正しいと思うのです。

『断絶の時代』に書かれている知識の考え方は、誰もが経験的に知っていることばかりです。世の中にとって知識が大切な資源であること、知識は本や論文だけでなく、生活や仕事の中に豊富に含まれていること、知識そのものよりも、知識の適用によって価値が創出されること。知識を使って働いた経験のある方なら誰でも知っています。そこに目新しい発見はありません。

一方で異なる側面もあります。改めて『断絶の時代』を読み返してみると、今なお驚くようなビッグ・ピクチャーが示されています。取り扱っている主題としての知識についていえば、ほとんど晩年に至るまでのライフワークの主旋律がはっきりと出ています。読んでみるとわかるのですが、**近代合理主義**（モ

マーシャル・マクルーハン
(Marshall McLuhan, 1911-1980)
カナダ出身のメディア研究者、英文学者、文明批評家。トロント大学教授。固有の視座からメディア研究に乗り出し、「メディアはメッセージ」とする言論を展開した。日本では竹村健一によって紹介され、マクルーハン・ブームが起こるまでの人気論者となった。著書に『メディア論』『グーテンベルクの銀河系』などがある。

ダン）を執筆上の仮想敵としているのです。具体的に言うと、印刷された書物やそれに伴う近代合理主義的社会システムの前提が変化しており、新しい認識や知識を通してモダンをどう攻略するかが、隠されたアジェンダとしてあるのです。知識をめぐる壮大な思想史が語られているといってよく、この点は、ドラッカーの来し方と少しばかり関係していますので、簡単に触れておきたいと思います。

ナチスとドラッカー

ドラッカーの知的道程は、１９３０年代を過ごしたドイツ時代の個人的な課題に発しています。ナチス・ドイツが圧倒的な暴力によって次々と国内外を制圧し、知識人を含む人々を屈服させていった時代です。第一次大戦に敗北した国民の劣等感に付け入る切れ味のいいスローガンを複製して、演説やラジオ、ロジックまで、出来合いの型に画一化していった時代でした。

当時ドラッカーはフランクフルトで、フランクフルト大学員外講師と『フランクフルター・ゲネラル・アンツァイガー』記者を兼任していました。ともに言語を武器とする職業です。ドラッカーにとって、言語とは神聖なもの、ほとんど信仰の対象とさえ言ってよいものでした。しかし、世の中は粗雑な定句を繰り返して、複雑な現実を説明した気になっている人たち、さらには何の知的負荷もなく陳腐なロジックを受け入れ、偽りの全能感で野蛮な正義を世に押し付ける人たちが跋扈していました。そのような風潮にがまんがならず、やがて彼はロンドンに亡命したのでした。ユダヤ人であることに加え、在独外国人としてナチスから睨まれていた事情もありました。

ドラッカーが画一的な教育を嫌った最大の理由は、ドイツ時代の原体験にあると思います。みんなが同じような知識を伝授され、同じような言動をとり、同じような服装をして、同じ徽章をつけて、ついに同じような世界観をもつようになる。ほとんど生物的な警戒に近いものだったと私は想像します。

　私にはドラッカーのものの考え方にも、移動を定められたユダヤ人の考え方が深く刻印されているようにも思われます。彼は常に具体的な問題から出発して、一般的な問題に移行していくスタンスをとりつづけました。

　事実、彼はナチスから受けた苦難の記憶を一生手放さなかった人です。ナチスへの本能的ともいえる反感は、感情の古層として、生涯彼の知的活動全般に作用しています。私はドラッカーの生涯を思うとき、サイードの次の指摘をいつも思い出すのです。

「知識人がなすべきことは、危機を普遍的なものととらえ、特定の人種なり民族なりがこうむった苦難を、人類全体にかかわるものとみなし、その苦難を、他の苦難の経験とむすびつけることである」（E・W・サイード『知識人とは何か』）

　原理的に言えば、ナチスも共産主義も、近代合理主義の極端な噴出形態であると同時に、政治的な表現であった点で同じ穴のむじなとドラッカーは考えていました。近代合理主義を一言でいえば、この世界を一つの合理によって説明し、その合理によって世界を改造すべきとする世界観といってよいかと思います。

　たとえば、ナチズムがアーリア人種を優等と定めて、それ以

E・W・サイード
（Edward W. Said, 1935-2003）
　パレスチナ出身のアメリカの批評家・文学研究者。コロンビア大学教授。オリエンタリズムやポストコロニアルの理論の確立者として知られている。パレスチナの時事的問題についても積極的な発言を行った知識人としても著名。著書に『オリエンタリズム』『知識人とは何か』『ペンと剣』などがある。

外の人種を劣等と定める。この定義をどこまでも突き詰めていくと、最終的には定義に包摂されることのない人々を徹底的に抑圧し、収奪し、放逐することが「政治的に正しい」という結論に達することになります。

論理的には首尾一貫しているかもしれませんが、前提は破綻しているのです。

ユダヤ人として

ドラッカーはウィーン生まれのユダヤ人家庭に生まれ育っています。父アドルフは学齢期を経て帝国の辺境からウィーンにやってきた知識人、母キャロラインはプラハの出身で、同じくウィーンに出てきた金融業者の娘でした。19世紀から20世紀初頭にかけて、辺境からウィーンに移住してきたユダヤ人が、この帝都の文化創造を担っていたとも言われています。

両親がウィーンに移動してきたユダヤ人の系譜であることは、ドラッカーの生き方にも強く作用していたし、彼を取り巻く人々の経歴もまた、知識社会の提唱においても深い影響を及ぼしていたと考えられます。

１９３３年にナチスが政権をとったとき、ドラッカーは大学研究者とジャーナリストの地位にあったことはすでに述べました。ユダヤ人教授によって占められるフランクフルト大学、ユダヤ人社主の新聞社という危険な立ち位置のなか、彼は追放の前に間一髪ロンドンに移りました。さらに１９３７年にニューヨークに移動しているので、ナチスが本格的にユダヤ人虐殺に手を染めるときにヨーロッパにはいませんでした。

ちなみに、弟ゲルハルトはウィーン大学で医学博士号を取得し、ドラッカーより少し前にニューヨークでインターンをはじめていいます。両親も同年、ウィーンから息子を頼ってアメリカにわたっています。ドラッカー家は幸運なことに、絶妙なタイミングでナチスの毒牙から全員が逃れることができたのでした。

そこには、ある種のしたたかな判断があったと考えられます。家族は元来ユダヤ知識人サークルの中にあり、知識を中心とするコミュニティのただ中に、ドラッカーは生まれ育まれたと言ってよいでしょう。生まれた街にしっかりと根を下ろし、自己を形成していくのとは少し違ったあり方をしています。知識人としてのゆるぎない良心をもちながらも、どこへでも持ち運べる知識という資産を、環境との対話の中で育んでいく知性です。

ドラッカーの自伝に『傍観者の時代』という本があるのですが、ほとんどすべてが、激動の20世紀前半において、どのように他者と関係を取り結んできたかについての記述です。とりわけ核となるコンセプトが、「知識」なのです。知識を足場にして、他者と関係を築き上げていく。そのこともあり、ドラッカーは実に多くの知的職業を渡り歩いています。証券アナリスト、新聞記者、海外通信員、大学講師、コンサルタント……。彼にとっての知識とは、生育環境に根差したなじみの資産だったのです。

知識と教育

『断絶の時代』は、ドラッカーの知識人としての人生の中でも、転換点となった一冊です。

1969年当時としては画期的なことに、アメリカ、西ドイツ、日本の三か国で同時出版されています。

執筆に伴う構想は長期にわたっていたようです。ダイヤモンド社で同書の編集を担当していた藤島秀記氏から伺ったところによると、年来の構想が、一気にほとばしるように書き上げられていったそうです。タイプ原稿が郵送されるなかで、しばしばまとまった個所がばっさり削られていたり、新たな大部の差し替え原稿が再送されてきたりなど、ドラッカーの熟考のなかの揺らぎがビビッドに伝わる編集現場であったとのことでした。半世紀を経た現在も、書き手としてのドラッカーの疾走する筆力に乗せられて、一気に読まされてしまうところがあります。

ドラッカーが述べていることは今なお、私たちに高い熱量で問いを投げかけています。

とくに批判対象とされているのは、教育システムです。『断絶の時代』の最終部、いわばフィナーレは盛大な教育批判で締めくくられているのに気づくでしょう。筆の進め方を見ると、彼は近代の教育に対して強い身体的違和感を抱いて生きてきた人なのだと思わないわけにはいきません。

おそらく『断絶の時代』が出版された当時の１９６０年代後半とは、学生運動や環境運動など、既存の政治や経済のシステムに深刻な疑念が投げかけられた一時期でもありました。本書が世界的な話題をさらったのは、時代への乖離の感覚が共有されていた証でもあったのではないかと感じます。

とりわけ『断絶の時代』が強調するのは、既存の知識圏への激しい批判です。世の「正統的な」知識人——政治的な是認を経た人々、たとえば、共産国の書記長などの権力者、科学者など——は一元的イデオロギーによって、知識の多元性を暴力的に否定してきました。彼らは、人々に何かを問うということをしませんでした。彼らは答えを一方的に与えることで、権力の座を保持してきました。その隠れた暴力性を隠蔽しつつ保証してきたのは、書物です。書物に書かれている知識のみが知識の名に値するという考えは、比較的近年まで根強く生き残ってきた信憑の一つです。ドラッカーは、知識の基本的性格について次のように述べています。

「知識とは、書物に書かれていることである。しかし、書物にあるだけでは、たんなるデータではないにしろ、情報に過ぎない。情報は、何かを行うことのために使われてはじめて知識となる。電気や通貨に似て、機能するときにはじめて存在するという、一種のエネルギーである」（『断絶の時代』）

私は編集業務に長らく携わってきました。本を書きたい人から数えきれないくらい話を聞く機会がありました。その中で、本を書くことによって、成功したいと考えている人が多くいることを知りました。本を書きたい人は、書くことがあって出版したい人だけではないということです。なかには、世の中から信頼を得るために本を書くのだと正直に語る人もいました。まさに本が象徴資本（⇩2章）であることの表れです。

本への認識には、知識とは何かについての重要なヒントが豊富に隠されています。「印刷に値するものでなければ、知識の名にふさわしくない」という信憑を本は体現しているためです。教育システムに置き換えれば、教科書の記載内容ほど知識に値するものはないということになるでしょう。「知識は書物の中にある」、これは知識に対する淘汰圧力として、書物に印刷された知識のみに価値ありとする偏った知識観を育んできました。

2節　知識と知覚

雪かき動画が教えてくれたこと

他方で、言うまでもないながら、書物に記載されていない知識など、星の数ほどもあります。私たちはそのような知識を日々目にするばかりでなく、現に体験しています。典型は技能（テクネー）と呼ばれるもので、ものをつくるときなどの方法に伴う知識です。これらは書物に掲載することの困難な知識であるために、多くの場合は知識の名に値しないものとして切り捨てられてきたのです。

技能というと簡単に聞こえますが、大変な難事です。簡単に見えるものほど難しいというのが、技能だからです。

世の中には、かつて説明書で伝えられていた情報が、動画や音声で実に豊富に流布されています。料理、製品説明、手品の種明かしなど、方法を伝えるには、動画ほど雄弁なものはありません。技能については、動画にまさるパワフルなものもない。私自身、ある年の冬に学びました。

私は神奈川県に住んでいますが、何年かに一度、まとまった雪が降ります。何とかして家の前の雪をどかす必要に迫られます。そうしないと通りを人や車が通行できないからです。

雪かきについて方法を習ったことはありませんが、みんなやっているし何とかできるだろうとたかをくっていました。ところが、実際にシャベルを持ってみると、言うのとやるのとでは大違いです。理屈では、雪をシャベルでかいて、道端に積み上げるだけです。しかし、実際には身体がうまく動いてくれない。頭で描いているイメージと、現実の体の動きが致命的にずれてしまうのです。

ふと思って私はＹｏｕＴｕｂｅを検索してみました。すると、ありがたいことに「雪かきのしかた」を教えてくれる親切な動画があるではありませんか。雪かきに必要な身体運用を知らない私のような人向けに、どこのどなたか存じませんが、快活な若者が実演しながらやさしく語りかけてくれる動画でした。その動画を通じて、私はシャベルの使い方を学び、腰を痛めない方法を学び、効率的に雪を積む方法を学び、最終的には雪かきの観念を学んだのでした。

つくづく印刷物によって、これ以上濃密な知識のコミュニケーションを見出すことは困難だと感じる体験でした。

かりに言葉がわからなかったとしても、動画によってコミュニケーションは十分過ぎるほど成立してしまいます。身の回りを少し見ただけでも――たとえば、電車の中で人が何をしているかを見てください――活字に依存していたメディア環境が根底から変化していることが、即座に了解されるはずです。昨今のＩｎｓｔａｇｒａｍやＴｉｋＴｏｋなどでも、外国語を一語も理解できなかったとしても、自分に向けられた動画のメッセージは的確に理解することができます。観念よりも、身体実感のコミュニケーションに近いかもしれません。

方法知は知識社会の中心

雪かきなどの現実的な効用は、経験的には誰にも実感されているはずです。そのような知識を技能と呼びますが、なかなか知識の本流として認められることはありませんでした。その流れが大きく変わり始めたことに加え、むしろ方法についての知識や技能が社会の中心になりつつある。そのことを説いたのが『断絶の時代』であったわけです。

方法についての知を考えるにあたって、ドラッカーは実に鋭い概念創造を行っています。まず有用と考えられるのは、「予期せぬ成功」(the unexpected results) です (⇩3章)。予期せぬ成功は、戦略の書『創造する経営者』(1964) で提示された、切れ味抜群の実に役に立つアプローチです。

予期せぬ成功を見出していく要件となるのは、**自らの知覚への信頼**です。つまり、自らの眼が見出したことが、どれほど知的権威者たちの主張と異なっていたとしても、受け入れるだけの信頼が前提となります。

ところが多くの場合、自身が目にしたものよりも、書籍や新聞などでの評論家や大学教授、政治家の発言を現実として信じ、受け入れてしまうことが少なくないのです。これは活字文明の呪縛といってよいでしょう。「書かれたもの」を権威として受容する近代合理主義的価値観です。

ドラッカーが師と仰いだイギリスの金融実務家兼ジャーナリストに、ウォルター・バジョットという人がいます。『エコノミスト』などの編集長として、長年イギリスの経済社会を観察してきたバジョットは、英国憲法の構造や、ロンバード街の観察などを「紙上の解説」としてよりも、生きて働くものとして記述していきました。代表作『イギリス憲政論』では、「実体を見ると、書物に書かれていないものがたくさんある。なおまた実際をありのままにながめてみると、書物に書かれているような多くの明快な理論は、見当たらないのである」と述べ、印刷物に記載された規範性は、生命体として生きて活動する政治経済を説明し切れていないと断じています。

未知なるものの体系化

関連するドラッカーの所見に、「**未知なるものの体系化**」があります。

「未知なるものの体系化」には、私たちが、すでに「知っていること」あるいは「知っていると信じていること」に、あまりに強くとらわれている前提があります。未知なるものが教えてくれる別種の知への配慮を、絶望的なまでに不可能としていることに、気づいてさえいないのです。

　いったいどのようなことなのでしょうか。

まず、知っていることから見る世界と、知らないところから見る世界、いずれからかによって、認識に要請される内容に明らかな違いが出てくるということです。私たちはある対象を知っている前提で、ものごとを考えてしまう傾向があります。しかし、既知の隣には、遼遠な未知の世界が広がっていることを忘れているだけなのです。知っていることからしか見ない世界は、美しい錯覚に満ちた世界たらざるをえません。

　ですから、誠実な専門家の語り口は、常に自身の専門領域から見れば、このように考えられるという条件付きの語り口になっていることに気づかれるでしょう。専門外の議論に入るときは、自分の専門ではないがという謙虚な前置きが必ずなされます。専門家は、何でも知っている人ではなく、自分の知らない世界があまりにも広大であることを、知っている人たちなのです。

さらにもう一つ、この世界には何らかの目的律が存在するという、ある種の楽観主義によって洞察されていることがあります。ドラッカーはキリスト教圏の人ですから、「神の見えざる手」ではないですが、超越的な秩序の源を信じていたのでしょう。その秩序の源を統べる存在への絶対的信頼があるために、私たちは、未知を機会（チャンス）として利用できるというのが、未知なるものの体系化のポイントでもあるのです。

このような考え方を、反対に不信と混沌で解釈すると大変です。課題や議論は四分五裂し、何も知らないか八方ふさがりという悲観論に傾きやすいのです。しかし、悲観論とは、ドラッカー的に見れば、観察の不十分さの結果にほかなりません。どのような状況にあっても、既知のことはわずかながらもあるわけですから、そこを起点として、全体をイメージし、生産的な行動を生む方向に考えるべきなのです。

実際に、ドラッカーもまた、一般的には悲観的な予測や、未来学に対して冷淡、あるいは批判的でした。悲観主義的な未来への展望は、概して浅慮に基づいたもので、あるいはマネジメントの主体としても責任の欠如や戦略的配慮の不足の結果にほかならないと考えたのです。

同時に、悲観主義的な見通しの基底にあるのは、既知に縛られ過ぎている点にも見出されます。知っていることだけから判断された類推は、複雑な問題にとっては的外れになる可能性が高いのです。そもそも、未知のものが存在することを想定せず、既知だけで課題に答えうる内容はきわめて限定的です。常に未知の領域から湧き上がる変化をとらえ、利用しなければならないというのが、ドラッカーの考えでした。

知覚の重視

以上の議論に通底するのは、知識を考えるうえで、もう一つ重要な要因があるということでしょう。その要因は**知覚**にあります。

ドラッカーが検討したのは次の例でした。

私たちは言語を使ってコミュニケーションをしています。言語は組み合わせから成り立っています。たとえば、「ＣＡＴ」という単語を考えてみてください。ＣＡＴは「Ｃ」「Ａ」「Ｔ」というアルファベットから成り立っています。しかし、このアルファベットがばらばらだと、意味自体が成り立たなくなります。私たちが「ＣＡＴ」を得るのは、３つのアルファベットをひとかたまりの全体としてとらえた場合にのみ成立することだというのです。

つまり、「ＣＡＴ」は「Ｃ」「Ａ」「Ｔ」ではないのであって、猫という意味は、この三つのアルファベットの連なりの中にしか棲息していないということです。

考えてみたら不思議だと思いませんか？

ドラッカーはこのように、全体として見た時に初めてとらえられる意味の世界を「知覚」と術語化しました。

たとえば、私はアメリカの方と話をしていたとき、自己紹介して、英語の名刺を渡したところ「Yasushi」（私の名前は康志と言うものですから）と言うと、「あなたの名前の中には「寿司（sushi）が入っているのですね。素敵です」と言われたことがあります。確かによく見るとsushiが入っているのを知って、自分の名前ながら驚いたことがあります。

私は自分の名前を漢字で理解しています。「康(やす)・志(し)」と理解しているわけです。ところが、英語の名刺ではYasushiですから、Ya・sushiと読んでも何ら問題はないわけです。それぞれの人が意味解釈上、それぞれの主観的格率をもっていることの表れと言ってよいかもしれません。

現実の受容から始まる

ドラッカーは１９３０年代のドイツで、現実の受容が機能しないのは、脳内で完結する一元主義的な否定的イデオロギー(ナチズムのこと)が、言語の豊かな水源を根底から損なったためと考えました。この命題は、ナチス・ドイツの時代を生き延びたドラッカーにとっては、切実な意味をもっていました。

ドラッカーの知には、一つの前提があります。現実をとりあえず受け入れるということです。言い方を変えれば、現実については、いかなる青写真も描かないということです。

ドラッカーは自身を社会生態学者と称しました。社会生態学とは、彼にとって魂の本業と言ってよいものでした。その仕事は、ありのままに社会を見て、言語を用いて記述するものです。加工することなく、見たら見たままに、聞こえたら聞こえたままに受け取る。何ものにも迎合することはなく、目に映ったものを沈思黙考するのが社会生態学者の作法です。現実のほうが理論より先にあることを認めて、観察と思索を同時に行って、現実から人と社会を記述していこうとします。会社も病院も政府もＮＰＯも社会生態学においては、一つの例外もなく「生き物」なのです。

自然の生態は、考えてみれば当然ですが、人間の理性や思考に服従していませんね。自然の生態は、人間のもつ理性的な判断や言説に先立つ現実だからです。ある樹木を見て、「この樹木は植物の分類学上、このような形状をとるべきではない」などと言っても意味がない。自然を理解するためには、自然の語りかける内容をさしあたり理解できなくとも、それでも虚心に受け入れ観察し続けるという構えしかありえないのです。

ドラッカーは、人や社会も同様に考えました。私たちの理性的思考の中には、常に否定の契機が存在しています。「〜ではない」「〜ではありえない」などの語法によって表現されます。けれども、自然生態の世界には、そもそも否定の語法が存在せず、あるのは生きて働いている現実だけなのです。

2章　ドラッカーと社会学的思考

多田　治

1節　社会生態学

井坂本からの触発――社会生態学とマネジメント

ドラッカーといえば、マネジメントで有名ですが、本書の共著者である井坂さんは長年ドラッカー思想と向き合うなかで、別の面に注目してきました。２０１８年刊の『Ｐ・Ｆ・ドラッカー――マネジメント思想の源流と展望』では、ドラッカーが初期に形成した「基本視座」を浮かび上がらせることに、力点を置いています。

この本の肝は、次頁のような樹木図にあります（同書

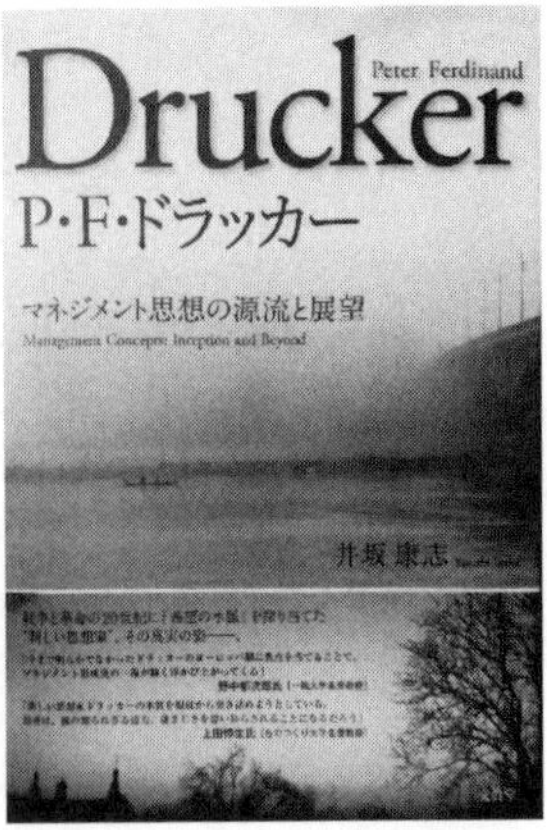

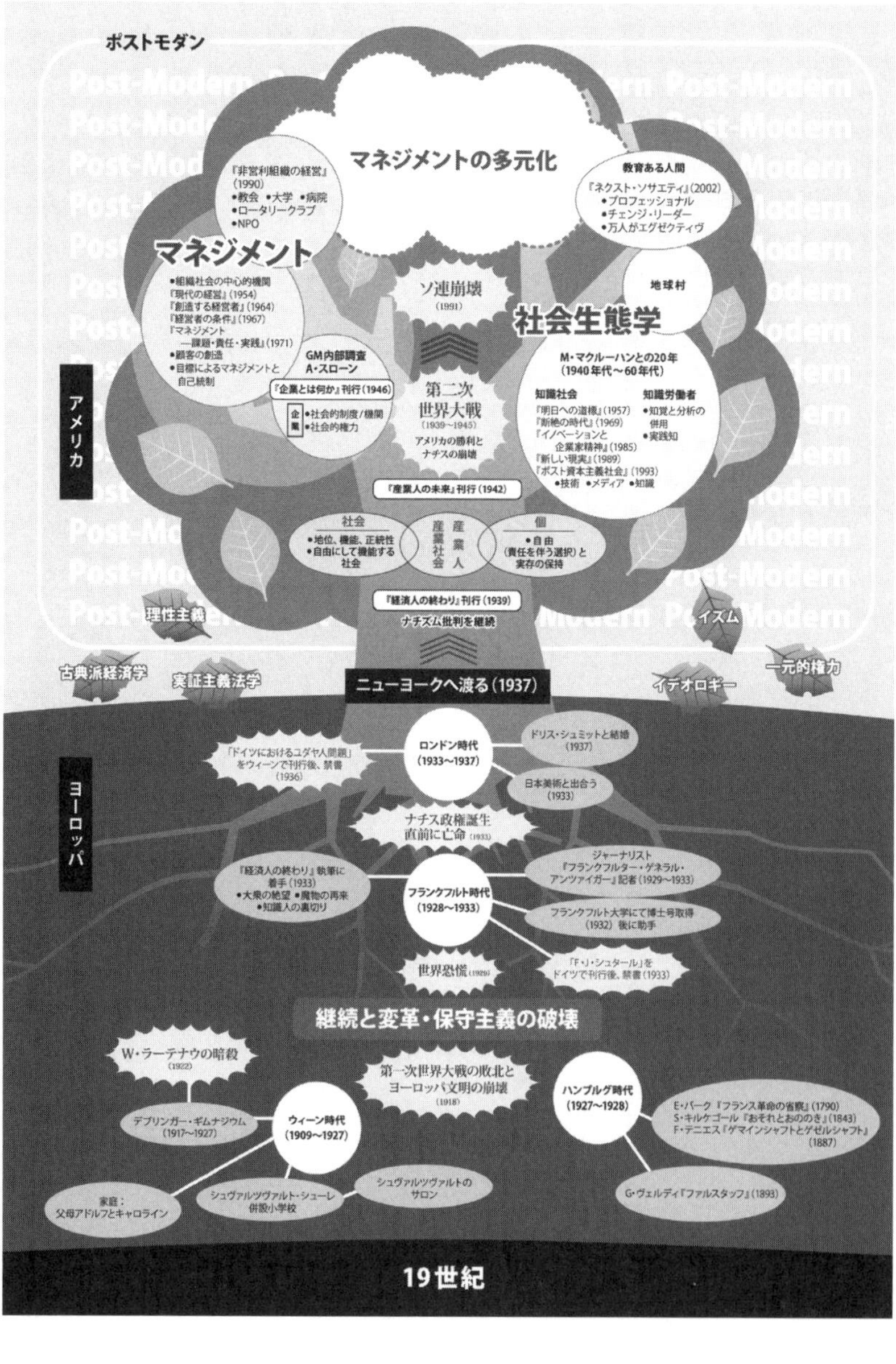
ポストモダン
Post-Modern
マネジメントの多元化
『非営利組織の経営』(1990)
•教会 •大学 •病院
•ロータリークラブ
•NPO
教育ある人間
『ネクスト・ソサエティ』(2002)
•プロフェッショナル
•チェンジ・リーダー
•万人がエグゼクティヴ
マネジメント
•組織社会の中心的機関
『現代の経営』(1954)
『創造する経営者』(1964)
『経営者の条件』(1967)
『マネジメント ―課題・責任・実践』(1971)
•顧客の創造
•目標によるマネジメントと自己統制
ソ連崩壊 (1991)
地球村
社会生態学
M・マクルーハンとの20年 (1940年代～60年代)
知識社会
『明日への道標』(1957)
『断絶の時代』(1969)
『イノベーションと企業家精神』(1985)
『新しい現実』(1989)
『ポスト資本主義社会』(1993)
•技術 •メディア •知識
知識労働者
•知覚と分析の併用
•実践知
GM内部調査 A・スローン
『企業とは何か』刊行(1946)
企業
•社会的制度／機関
•社会的権力
第二次世界大戦 (1939～1945)
アメリカの勝利とナチスの崩壊
『産業人の未来』刊行(1942)
社会
•地位、機能、正統性
•自由にして機能する社会
産業社会
産業人
個
•自由 (責任を伴う選択)と実存の保持
『経済人の終わり』刊行(1939)
ナチズム批判を継続
理性主義
イズム
古典派経済学
実証主義法学
イデオロギー
一元的権力
アメリカ
ニューヨークへ渡る(1937)
ヨーロッパ
「ドイツにおけるユダヤ人問題」をウィーンで刊行後、禁書 (1936)
ロンドン時代 (1933～1937)
ドリス・シュミットと結婚 (1937)
日本美術と出合う (1933)
ナチス政権誕生直前に亡命 (1933)
『経済人の終わり』執筆に着手(1933)
•大衆の絶望 •魔物の再来
•知識人の裏切り
フランクフルト時代 (1928～1933)
ジャーナリスト
『フランクフルター・ゲネラル・アンツァイガー』記者(1929～1933)
フランクフルト大学にて博士号取得 (1932) 後に助手
世界恐慌 (1929)
「F・J・シュタール」をドイツで刊行後、禁書(1933)
継続と変革・保守主義の破壊
W・ラーテナウの暗殺 (1922)
第一次世界大戦の敗北とヨーロッパ文明の崩壊 (1918)
ハンブルグ時代 (1927～1928)
E・バーク『フランス革命の省察』(1790)
S・キルケゴール『おそれとおののき』(1843)
F・テニエス『ゲマインシャフトとゲゼルシャフト』(1887)
デブリンガー・ギムナジウム (1917～1927)
ウィーン時代 (1909～1927)
G・ヴェルディ『ファルスタッフ』(1893)
シュヴァルツヴァルトのサロン
家庭：父母アドルフとキャロライン
シュヴァルツヴァルト・シューレ併設小学校
19世紀

p.280)。この図1枚に、ドラッカー思想の形成プロセスとエッセンスが凝縮されていると言うんですね。彼のマネジメントと社会生態学という2つの営みは、一本の大木の幹から枝分かれしている。その根っこには、激動のヨーロッパをくぐり抜けた生活体験があり、以後のアメリカでの一生にも知的エネルギーを送り込み続けたというわけです。

その根にあるヨーロッパ体験とは何かというと、ヒトラーのナチズムやソ連の社会主義のような全体主義国家を、近くで直接目撃したことでした。社会が画一化され、個が無化されてゆく危うさに直面したドラッカーは、アメリカに渡り、〈自由にして・機能する社会〉のオルタナティブな可能性を、現地で確立しつつあった企業組織のマネジメントに見出したのでした。

ですが彼は、単に同時代の全体主義と対峙しただけではなかった。同時にもっと根底から問い直したのが、19世紀からの経済至上主義や、さらには17世紀デカルト以来の近代合理主義でした。「経済人＝ホモ・エコノミクス」を軸にすえた古典派経済学は、経済至上主義を促すことになり、その結果ヨーロッパ社会は破綻した末に、国家全体主義へと行き着いたとドラッカーは診断します。

経済至上主義、近代合理主義、社会主義、ナチズム。これらに通底するのが、**一元的な主体による理性的・演繹的・還元的な思考**であり、ドラッカーはこれを徹底して批判します。それに代えて人間社会に**あるがままの、多元的な社会の生態**を見ていく方向を示します。これが彼の**社会生態学**の立場です。一部の理性的な主体による中央集権的な意思や計画、急進的な革命によっては、社会はコントロールできない。これが、ドラッカーが歴史にみた教訓でした。人や組織の多元的な生きざまは、自律性・創発性をもつので、それをそのまま〈強み〉として生かしていく。こうした社会生態学の発想は、彼が展開したマネジメントや、イノベーションの営みにもつながっているのですね。

井坂本から触発されたのですが、ドラッカーには、私の専門である社会学とも重なる知見が多いです。そこで以下では、ドラッカーと社会学的思考を関係づけてみます。

ポストモダン的な世界観

ドラッカーの主要著作の全訳者で知られる上田惇生氏によれば、ドラッカーは1959年という早い段階で、「ポストモダンの世界観」を提示していたといいます。

モダン思想の創始者たるデカルトという人は、近代合理主義の典型的なビジョンを提示しました。彼は科学で因果関係を扱い、世界やものを最小の要素に分解してとらえます。「**全体は部分の総和である**」という、数学的・機械的な世界観が確立されました。

対してドラッカーは、すでに彼の生きた20世紀には、学問の潮流はデカルトの公理から離れ、因果から形態（コンフィギュレーション）へと移行していると指摘します。たとえば心理学の「自我」「人格」や社会学・人類学の「文化」のように、全体としてのみ把握できる形態（ゲシュタルト）、形式（フォーム）に重点がおかれてきます。ゲシュタルト心理学の顔認識の知見が示すように、人は対象の外形、〈形態〉を把握する際、目や鼻など個々の特徴を、総合的にとらえています。そこでは部分は全体との関連でのみ存在し、全体を理解して初めて認識できるわけです。全体を細分化したデカルトの発想とは真逆です。

またポストモダンの世界観は、成長・発展・リズム・生成などの時間の流れ、プロセスを重視します。少年⇩大人、ウラニウム⇩鉛、中小企業⇩大企業、などの成長・生成・発展のプロセスは、不可逆な質の変化を伴います。静止した物体の属性をみる機械的世界観から、**形態とプロセスを重視する有機的世界観**へ。この転換こそが、ドラッカーのいうポストモダンであり、社会生態学の視座そのものでもありました。

デカルト的な演繹・定量・還元的な思考を相対化し、経験的な知覚にもとづいて全体的な形態や不可逆なプロセスをみていく作法は、組織のマネジメントを体系化する作業へと活用されました。また、モダンの「進歩の確実性」信仰を脱し、変化が常態化したポストモダン世界となったことで、「未知なるもの」に向けて仕事を組織化する作法として、イノベーションが確立されます。有機的世界観をそのように現実に応用していったことが、今日でもいまだ色あせない、ドラッカーのオリジナリティでもあるのですね。

関係とプロセスの社会学的思考へ

こうしたドラッカーの有機的世界観や社会生態学の見方は、私の専門である社会学の考え方とも重なります。特に、個人間の関係ネットワークと歴史のプロセスを重視し、図のような社会的図柄モデルを提示したノルベルト・エリアスの議論です。

エリアスは、個人と社会を対置する常識的な発想を組みかえるため、下図のように一個人でなく多数の個人が相互依存のネットワークを織りなす、図柄モデルを提示しました。個人は、互いの関係の網の目のなかに生きる半自律的な存在です。こうした関係

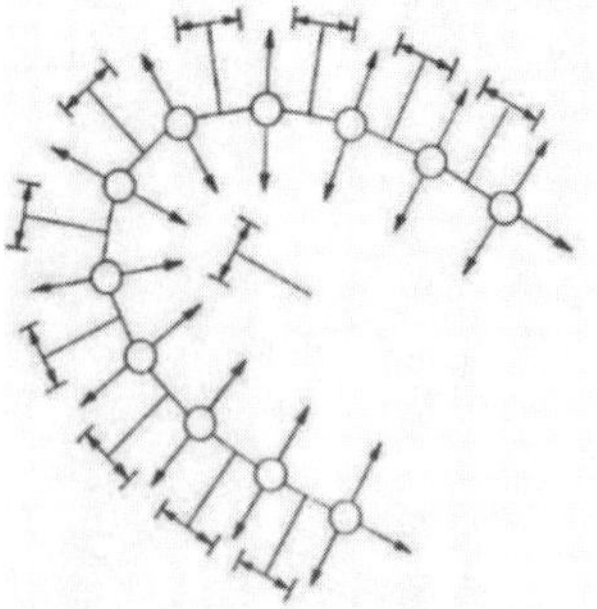

エリアス『社会学とは何か』p.4

構造は、個人に対し強制や圧力を働きかけてきます。人間とは、関係的な存在です。

一方これまで、「孤立した個人」像は、西洋モダンの人文社会科学で長らく幅を利かせてきました。社会学ではマックス・ウェーバーのいう「合理的行為」がその典型ですが、デカルト〜カントの近代哲学、市場における合理的経済人、個人の心理を単体でみる心理学、統治者を軸にすえた政治学・歴史学。「孤立した個人」像は、広い範囲で定着してきたのです。その傾向は学問だけでなく、日常世界にも広くみられます。エリアスの関係構造・図柄のモデルは、こうした根強い諸潮流に対し、基本的な社会の見方を転換させてくれる認識効果をもっています。

エリアスはこの理論枠組みを、歴史の事実と重ね合わせ、社会的図柄の変化を歴史描写に用いました（『文明化の過程』『宮廷社会』）。図柄理論は、個人や歴史を演繹・抽象的なモデルでとらえず、具体的で経験的な歴史のプロセスを重視します。ドラッカーの社会生態学との親近性がうかがえます。

ノルベルト・エリアス
(Norbert Elias, 1897-1990)

ユダヤ系ドイツ人の社会学者。主著に『文明化の過程』『宮廷社会』。図柄の理論でヨーロッパの長期の歴史を記述し、宮廷の社交関係のなかで高貴な情感制御を行う人々の作法に文明化・宮廷的合理性を見出し、ウェーバー的な合理化・市民的合理性の一面性を乗り越えた。ブルデューの界やハビトゥスに受け継がれるなど、功績の再評価が進んでいる。

マックス・ウェーバー
(Max Weber, 1864-1920)

ドイツの社会学者・政治学者。社会学の基盤を確立した人物として、デュルケームと並ぶ。『プロテスタンティズムの倫理と資本主義の精神』が有名。行為者の主観的な意味の理解に重点をおき、方法論的個人主義やミクロ社会学の系譜の出発点に立つとされる。合理的行為や支配の正当性などの理念型の提唱でもよく知られる。

2節　知識社会

ドラッカーの知識論

次に、今度は「知識」に焦点を当てます。ヨーロッパの学問の伝統では、行動と認識は区別されてきましたが、ドラッカーは知識を、行動と認識が合わさったものとみなします。

また彼はこう言います。「知識とは、電気や通貨に似て、機能するときに初めて存在するという一種のエネルギーである」(『断絶の時代』p.276)。知識は使ってこそ、エネルギー・資源として機能するのだと。「知識を使う側の適用」という観点から論じています。

合わせて、時間の視点も重要です。社会生態において知識は、(数学のような) 可逆的で概念的な分析よりは、不可逆な、生きられた時間のなかの知覚として立ち現れます。この知識観を具体化したものが、マネジメントという実践的な知識でした。ドラッカーは、知識を使う人間の内発的な能力に目を向けました。知識は、認識

ピエール・ブルデュー
(Pierre Bourdieu, 1930-2002)
フランスの社会学者。コレージュ・ド・フランス名誉教授。主著に『ディスタンクシオン』『国家貴族』『芸術の規則』『世界の悲惨』など。ハビトゥス・界・資本の中心概念を駆使して、教育・趣味・農村・大学・文学・住宅市場など、多領域にわたる学際研究を展開し、対象を記述しながら研究者自身の主観を客観化してゆく反省的社会学の手法を確立した。

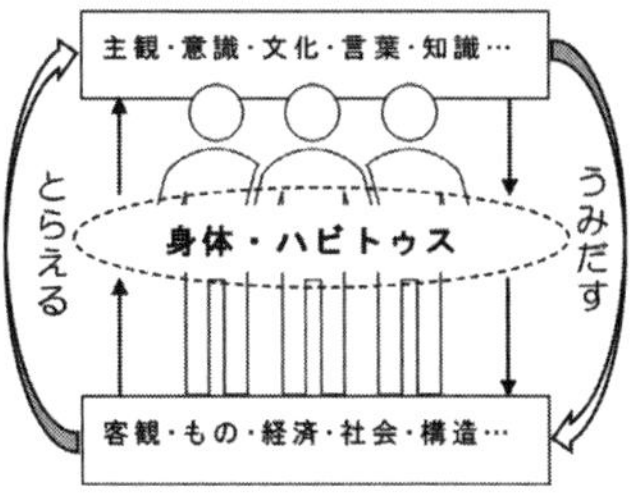

現実の二重性

する主体と不可分なもので、知覚を介して身体にとり込まれるのですね。
このような知見は、後にみるようなブルデューのハビトゥス（社会的な身体能力）をはじめ、社会学者たちの一連の議論とも重なります。また、知識を一種の資源・エネルギーとみなす考え方も、資源やエネルギーを経済的・物質的なものに限定せず、人間活動全般に拡張してとらえた点で、ブルデューが「資本」概念を経済資本から、文化資本・社会関係資本などへ拡充した発想とも重なります。こうした社会学の知見もみてみましょう。

社会学で扱う「現実」と「知識」

社会学でいう「現実」が、マテリアルに起こる客観的な現実と、それをとらえる人の頭のなかの主観・言葉・知識からなり、図のような二重性をなしていることは、先に述べました。現実とは、人びとの知覚や主観を含んだ現実のことなんですね。それが物理的・客観的に起こっていても、誰かの知覚や主観を通して切りとられ、形をなしてゆく。この現実と表象の循環をどうとらえるかが、社会学の課題でもあります。

アメリカの社会学者アーヴィング・ゴフマンは、人々の

アーヴィング・ゴフマン
(Erving Goffman, 1922-82)
カナダ生まれ、アメリカの社会学者。社会生活を劇・ドラマの上演のようにとらえる独創的な視点と手法で、ミクロな相互作用のなかで規範や秩序が保たれていく具体的な場面を記述した。役割パフォーマンスや儀礼的無関心、全制的施設などの諸概念を通して、医療や観光など多様な諸領域の研究に影響を与え続けている。

対面的な相互作用の現場に着目しました。「目の前の状況がいかなる場で、どうふるまうのが適切か」という**状況の定義**をみて、人々は自己の役割を演じます。日常生活で私たちは、意図や自覚なしに、何気なく妥当な役回りを演じています。必ずしも言葉で理解し説明できずとも、肌でわかっているタイプの知識です。

イギリスの社会学者アンソニー・ギデンズは、こうした暗黙の実践的な知識のレベルを、**実践的意識**と表しました。行為するのに巧みに用いいながらも、言葉では表せないような暗黙知・身体知で、歩き方や立ち居ふるまい、家族や友人との会話の原則などもそうです。ギデンズは、行為者が実践的意識のレベルで社会や状況を「知っている」からこそ、その知識を通して社会を維持・再生産していけるし、同時に少しずつ変容もさせていく能動性をもつことを示しました。本書でいう「知識が社会をつくる」も、これを指しています。

アンソニー・ギデンズ
(Anthony Giddens, 1938-)
イギリスの社会学者。ロンドン・スクール・オブ・エコノミクス名誉教授。主著に『社会の構成』『国民国家と暴力』『モダニティと自己アイデンティティ』など。その構造化理論では、社会についての知識をもって行動する個人・行為者が、社会を再生産しながら変容もさせる社会の再帰性 reflexivity、「知識が社会をつくる」側面を明らかにした。

フランスの社会学者ピエール・ブルデューの有名な用語「**ハビトゥス**」も、ギデンズの実践的意識に相当します。ハビトゥスとは、社会環境の中で形成された身体能力であり、行為者が身体化し、無数の状況に柔軟に対応できるセンスのことです。この身体知が働くことで、人間の一貫性は保たれているのですね。

暗黙知の次元

ドラッカーの社会生態における知識、ゴフマンの状況の定義や自己演技、ギデンズの実践的意識、ブルデューのハビトゥスなどを見てきました。これらが示すのは結局、哲学者マイケル・ポランニーのいう**暗黙知の次元**です。身体に根づいた知というのは、言葉や論理では明示できない、暗黙の領野を広大に含みます。「私たちは言葉にできるより多くのことを知ることができる」（『暗黙知の次元』p.18）。ポランニーは、暗黙知が知識全体のなかでも重要な位置と役割をもつことを示しました。

ポランニーもドラッカーと同様、ゲシュタルト心理学の顔認識の知見から影響を受けていました。また、「知る」「知っている」という言葉は、対象の知識（what）だけでなく、方法の知識（how）、「できる」という意味も含むと言います（p.22）。つまり身体に根づいた暗黙知は、無数の場面での実践知として働いているのですね。

ポランニーが批判したのも、明証性を重んじるデカルト的な合理主義の知識観・科学観でした。暗黙知は個人的で主観的な、各自の身体に内在する実践知です。知識を明瞭な論理のレベルに還元してしまうと、実際の複雑な認識のありようをとらえ損ねます。知の営みには、暗黙の知覚や統合のプロセスが伴います。ポランニーは、デカルト的な明証知を否定したのでなく、暗黙知の次元を科学の営みに、適切に組み込もうとしたのですね。

マイケル・ポランニー
(Michael Polanyi, 1891-1976)

ハンガリー生まれのユダヤ系物理学者・科学哲学者。主著に『暗黙知の次元』『個人的知識』『自由の論理』。彼が切りひらいた暗黙知の地平は、野中らの企業組織の研究をはじめ、多方面に活かされている。経済人類学者カール・ポランニーの弟。ドラッカーはウィーン時代、ポランニー家と交流があったようである（『傍観者の時代』）。

ドラッカーに即して興味深いのは、ポランニーが人間の暗黙知と、**創発**を結びつけた点です。彼の言う「隠された真実の接近を予期する人間の能力」(p.126) とはまさに、ドラッカーがイノベーションに向けて提唱していた「**未知なるものの体系化**」に相当します。

こうしたポランニーの暗黙知の知識観を、経営学・企業組織論の実証研究に活用したのが、『知識創造企業』などで世界的に知られる野中郁次郎の仕事です。彼は、組織のなかでも直接知識を創るのは、あくまで個人だと指摘します。個人が持ち、生み出す知識は、各自の体験に根ざした信念・ものの見方・価値システムといった無形の暗黙知であり、主観的な洞察・直観・勘・理想・情念・イメージ・シンボルなども、知識の重要な部分を占めます。こうした個人的知識は主観・身体・暗黙的な面が強いため、企業組織の知識創造では、暗黙知を明示的な形式知に変換し、他人にも共有できるようにする必要があります。野中は、「イノベーションが実際にどうやって起こるか」を、企業の知識創造の現場への聞きとり調査から明らかにしました。個人〜グループ〜組織の間を行き来するなかで、暗黙知と形式知が相互に作用して知識が創出されてゆくプロセスに、目を向けました。ドラッカーの知識社会論からも、多くの示唆を受けていたそうです。

知識社会と脱工業化――ドラッカーと堺屋太一

再びドラッカーに戻って、彼の知識社会論を見てみます。彼は1969年の『断絶の時代』で、財の経済から知識の経済への移行が進み、いまや知識が中心的な生産要素になったと述べました。89年『新しい現実』〜93年『ポスト資本主義社会』などでも、一貫して知識を社会・経済の主軸においた議論を展開し、脚光を浴びました。

しかし『断絶の時代』に戻るなら、こうした知識社会への移行は、一体何からの〈断絶〉だったのでしょうか。知識が主要な経済資源となったことは、果たして何を意味したのか。より明確に理解したい点です。ドラッカーはこの本の冒頭で、1913―68の半世紀が、二度の戦争など大変な時代だったものの、こと経済では大きな変化はなく、「継続の時代」にあったと指摘します。それはつまり、産業革命以来の「工業化の時代」が続いたということです。具体的には鉄鋼業と自動車工業、機械化された農業。いわゆるモノの時代です。

そう考えれば、1970年前後の断絶の時代、知識社会の到来は、**脱工業化**への流れでもあり、工業生産においてさえ知識が主たる生産性をもたらす時代となったことがわかります。

知識社会や脱工業化といえばドラッカー以外にも、ダニエル・ベルやアルビン・トフラーらの仕事が有名ですが、日本の文脈では、堺屋太一の知価社会論もあります。「断絶の時代」に当たる60年代末に堺屋は、通産官僚・池口小太郎（こちらが本名）として、大阪への万博誘致に尽力しました。万博の関連公共事業の経済効果に加え、芸術文化への関心・需要が高まる効果も見越していたからです。そもそも万博というイベントの場自体が、究極の情報・知識・観光・時間（レジャー）産業になると指摘し、実際にも大阪万博を通してファ

堺屋太一
(1935-2019)
作家。著書多数。通産官僚時代に大阪万博と沖縄海洋博を担当、沖縄の観光開発を導いた。在職中に執筆した小説『油断！』ではオイルショックを予言、「団塊の世代」も彼の命名。80年代大阪の活性化に関わり、大阪築城400年まつりや御堂筋パレードを推進。大阪維新の会や都構想のブレーンとして橋下徹らを支援し、2025年万博再招致の流れも促した。

ストフードやカジュアルウェアが普及しました。万博を機に脱工業化社会へ踏み出し、日本の産業構造を組みかえていくねらいを、当初から官僚・池口はもっていました。

大阪万博は様々なアートや建築、パビリオン展示などで大きな話題を呼び、６４２１万人もの観客を集めて日本社会に強いインパクトを与えました。その70年前後の時期は、ちょうどドラッカーの断絶の時代、知識社会の始まりと符合します。日本も工業化から知識社会への転換期であり、ドラッカーと堺屋の親近性は明らかです。

知識労働と文化資本・象徴資本

再びドラッカー『断絶の時代』に戻ります。知識社会への移行、知識労働者の増大は、なぜ生じたのでしょうか。ドラッカーは意外な答え方をしています。知識労働者を雇用する必要からであり、その需要の増大よりは供給の増大が先だった、というわけです。背景には学校教育の延長、高学歴者の増大がありました。彼らを生産的な存在にできる唯一の方法が、知識労働だったというのです。その結果として知識社会化が進みました。

同じ時期、先述のブルデューがフランスの高等教育研究で、**文化資本**を見出していたのと論点が重なるのも、興味深いところです（『再生産』『遺産相続者たち』など）。

ブルデューは、諸個人が過去の経歴から得た有効な特性・所有物を、**資本**と呼びます。それは経済資本（貨幣）だけでなく、学歴・知識・趣味などの文化資本、言語能力、身体的特性、性別、年齢、職業、居住地・出身地、社会関係資本（交友・コネ）など、多岐にわたります。資本は、①ハビトゥスとして身体化された特性、②貨幣や文学全集のように客体化された物体、③学歴や弁護士・医者のように制度的に保証された資格、といった多様な形をとります。ドラッカーの言う知識労働者は、各自のハビトゥスに身体化した知識を資本として仕事に投入する点で、文化資本としての知識を活用しているといえます。

ただし、ドラッカー自身は言及してない点ですが、「知識が資本・資源となる」というとき、まさに学歴がそうであるように、①知識が財・サービス・活動に実質的に活用される場合と、②「知識をもつこと」がブランド的な価値をもつ場合とがあります。ブルデューの言葉でいえば、①が**文化資本としての知識**、②は**象徴資本としての知識**です。

先の経済資本・文化資本・社会関係資本など、各自がもつ物質的・客観的な諸特性は、人々に知覚され（正負の）価値を承認されることで、肩書・身分・威信・名声等として流通する、**象徴資本**となります。象徴資本とは、様々な資本が主観的な認識・評価を付加された資本です。象徴資本と他の諸資本の関係は、図のように表せます（より詳細は多田編、『社会学理論のプラクティス』）。

高学歴者も知識労働者も知識創造企業も、それぞれの知識を実質的・客観的な資本として活用する面もあれば、ブランド・主観的な資本として生かす面もあり、しかもその両面はしばしば循環・連動しています。

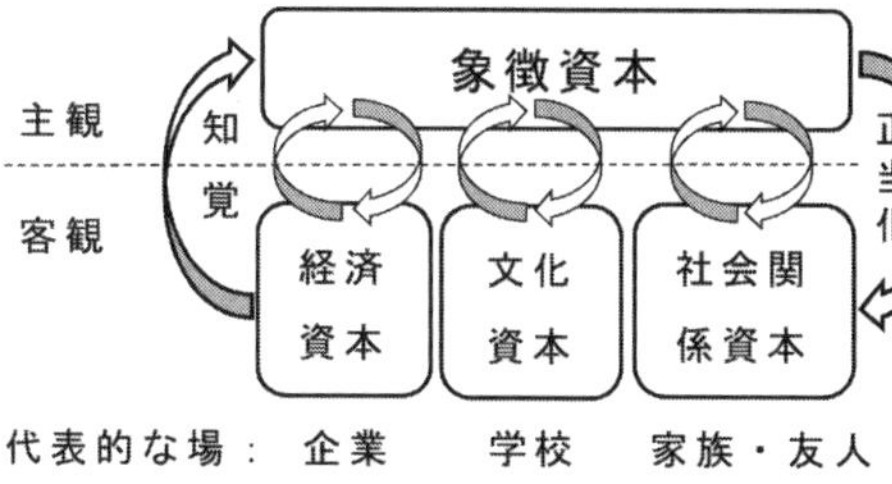

象徴資本と他の資本の関係

経済と社会

ドラッカーは2002年の『ネクスト・ソサエティ』で、「ニューエコノミーよりネクスト・ソサエティのほうが大きな意味をもつ」と語りました。社会の諸領域から市場経済だけを切り離して特化させる経済至上主義の合理的思考に対し、つねに社会のなかに経済を適切に位置づけるドラッカーの視座は、社会生態学やマネジメントにもくり返し表現されました。「部分は全体からこそ把握できる」形態の思考は、経済と社会の関係にも生かされていたのですね。

社会学も長らく、経済と非経済、お金で買えるものと買えないもの、経済資本と象徴資本（承認やアイデンティティ）などの、複雑な関係性を問うてきました。ドラッカーと社会学的思考の重なりを見出し、新結合を試みることで、新たな認識・活動の地平を開いてゆくことが、本書のねらいでもあります。

3章　知識の生産性

井坂康志

1節　強みとは何か

知識時代の生産性

知識社会において最も重要な課題は、知識を生産的に用いることだと、晩年にいたるまでドラッカーは強調していました。

知識の生産性を語るにあたり、まずはドラッカーが重視する有効な尺度についてお話ししておきましょう。代表的なセルフマネジメントの書物に『経営者の条件』（１９６７）があります。原題は *The Effective Executive* です。いわゆる「超できる人」といったニュアンスです。Effective ですから、効率(efficient) ではなくて、いわゆる効力性、有効性というか、どれだけ質的に貢献しえたかという印象を与える語です。

今も生産性というと、効率のイメージが強いかもしれません。もちろん効率性は生産性の重要な要因であり、生産性に占める定量的な面を表現すると考えられています。たとえば、工場で1時間に何万個ピンを生産できるかといった肉体労働なら、生産性を測るのはさほど困難ではないでしょう。生産量を単位時間で割れば済むためです。大量生産の時代や社会主義下では、生産性は単位時間で管理可能であったのはそのためです。

一方で、現代は知識で価値を生み出していくというのが、ドラッカーの時代認識でした。知識とはとほうもなく広い概念ですが、たとえばホームページで使うロゴをデザインするにしても、Aさんがデザインを10点つくったから、5点しかつくらなかったBさんより2倍生産的とは、なかなか言えません。見やすさ、美しさ（映《ば》え）などなど、ユーザーからの質的な評価を含むからです。この場合、精神労働というか、人間の思考が価値創造の資源になるため、事実上賦存量は無限です。知識は精神的資源なのです。

ですので、追求する生産性は、知識社会にあっては**卓越性**で評価すべきだと考えられているわけです。むしろ効率に伴う生産性は、卓越性に付随するものと理解されています。

現在ごくありふれた仕事になっているデザインやコンサルティング、プログラミング、ウェブ編集、マーケティング、システム・エンジニアリングなど、すべて芸術家とまでは言えなくとも、一定の理論とともに高度な知覚、ときにはアーティスティックな技能や感性さえをも必須とする仕事ばかりです。その評価は一様ではなく、——画家の生産性が制作点数のみで測れないように——知識労働者の生産性も同様と考えられています。もちろんあまり寡作では、世の目にはとまりませんが。

卓越性を重視する点について、ドラッカーは、どのような要因によって「よい仕事」が可能になるかにひたすらこだわり続けました。

よい仕事とは、質の高い成果を意味します。まさにその点が知識におけるマネジメントの要点になるわけですが、ドラッカーは文化という要因をことさら重視しています。どんな国にも社会にも文化はあります。会社にも、チームにも、人にも文化や体質はあります。文化とは、植物にとっての土壌、魚にとっての水のようなもの。いわば生態を支えている環境です。実に千差万別で、指紋とか雪の結晶みたいに一つとして同じものがないのです。

マネジメントを考える上でも、ドラッカーは唯一の正解はないと断言しています。それらは文化の多様性に依拠しているためです。文化、英語で culture ですね。culture を動詞にすると cultivate、すなわちすきや鍬で地面を耕すことを意味します。地面を育てて、植物を繁茂させていく。日本語で言うと、「栽培」に近い語感でしょう。

マネジメントは、土壌の上に育つ樹木に似ています。りんごやみかんの樹に「良い実をつけろ」と命令しても、なかなかいうことは聞いてはくれません。生き物にはそれぞれの個性や自律性があるわけですから、固有の特性を利用する形でしか、成長や成果というものはないわけです。

ですから、生産性を最大化するには、成長を手助けするのが最もいい。成長の方法はそれぞれ違うかもしれないけれど、固有の成長を手助けする方向で成長を促していくのは、一つのプリンシプル、あるいはマネジメントの基礎文法と考えていいと思います。

シンプルな話、りんごを育てるとしましょう。品質の高いりんごをたくさん育てたいのは、誰しもが願うところです。だったら、手っ取り早い話、りんごだけたくさん手に入れられればそんなにありがたいことはない。けれども、残念なことにそうはいきません。なぜなら、りんごはりんごの樹全体、見えざる根から幹、枝葉に至るまで健全に育った「結果」としてできるものだからです。りんごの実だけ雨のように天からふってきたり、泉のように湧いてきたりすることはありません。

事業における利益の考え方も同じです。事業全体の樹を健康に育てた結果として実る果実と考えられています。

マネジメントを果樹でたとえるというのも、知識社会ではややアンマッチな印象を受ける人もいるかもしれませんが、実はそうではないのです。農業はとほうもなく豊かな知識をベースにした、知識産業の代表といっていいと思います。とりわけ生き物と直に対峙して、固有性に働きかけ、成果をあげるなどというのは、教育や医療に負けないくらいの高度な知識産業です。

江戸時代のマネジメント実践者として有名な二宮尊徳は、農政家として、600ともいわれる藩や農村を立て直したイノベーターとして知られます。尊徳は藩や農村、人の本来もっている特性（それは「徳」と呼ばれています）に働きかけて、自立できるように促していった人でした。マネジメント実践として世界に冠たる功績といってよいでしょう。

二宮尊徳
（1787-1856）
江戸末期の篤農家、農政家。相模（神奈川県）出身で、通称金次郎という。徹底した実践主義を柱とする報徳思想の祖ともされる。自ら陰徳、積善、節倹を実践し、殖産の要を説いた。600以上の村を復興した実績でも知られ、明治以降にいたるまで強い影響力をもった。

「強み」を見きわめる

一本の樹になぞらえる意味が、おわかりいただけるでしょうか。部分ではなく全体を見よというのが、生命を見るときのポイントですね。全体とは、部分の総和ではないからです。一本の樹で言えば、全体としての樹は、根や幹、枝などの部分の機械的な合成物ではない。石でしたら二つに割っても石のままですが、樹は生き物ですから、うっかり切ったり折ったりしたら枯れてしまう。

昔から「桜切る馬鹿、梅切らぬ馬鹿」と言います。樹によっても成長のための急所は異なるのです。つまるところ、樹の固有の生態や文化に応じて全体を豊かに育てていくことが、結果として生産性を高めてくれる。樹を育てるには、根から幹、枝振り、葉を全体として観察して、繊細な配慮をもって向き合わなければなりません。

「あらゆるものを生命として見よ」。これが大切なのだと思います。

同じことは自分自身を成長させるときにも言えるわけです。生産性をあげたいと思ったら、自分自身を理解して、卓越性に着目して、丹念に育てていく必要があります。ドラッカーはその卓越性をわかりやすく「**強み**」と呼びます。

「強み」というのは就職活動や人材育成、自己啓発などでも、よく聞く言葉ですね。おおまかに言って、人が半ば生物的にもつ特性の中で、成果を生む源になる要因を指すことが多いと思います。他方で、強みは精神資源の暗黒大陸と言ってよいほど、実はあまり知られていません。

一つ、重要なドラッカーの指摘があります。強みは、仕事に就くはるか前から決まっているということです。生まれか育ちかは別として、所与、つまり既に与えられたものと考えてよい。強みは原則として変更することはできません。気質などともかかわっており、変えられないのです。できるのは、強みを生かすことです。働きかけて、堂々たる卓越の高みにもっていくことです。ちょうどりんごの樹には、りんごとしての強みや個性があり、優れた農家の方がもっとよいりんごに育てていくように。

わかりやすい一例を挙げれば、コミュニケーションにおける強みがあります。ドラッカーなどは言うのですが、何かを理解するときに、「読むときに楽に理解できる人」と、「聞くときに楽に理解できる人」――もちろん誰でも両方からある程度理解はできるわけですが――がいるというのですね。前者を「読み手」、後者を「聞き手」と言います。

たとえば、私などはどちらかというと聞き手です。聞いているときの方が、読んでいるときよりも「楽に」情報が入ってくるのです。耳から入った情報は強く記憶に残っていますし、解像度高く想像することができるのです。ですから、私は暇さえあればラジオとか朗読とか音楽を聴いています。耳からの情報がまったく苦にならないからです。

読み手は反対です。資料でも本でも、読んでいるときが楽なタイプです。どんどん情報が入ってくるし、記憶にも残る。本格的な読み手は、電車の中吊り広告でも、街の看板でも、隣の人の新聞でも、目に入る文字はかたっぱしから読もうとします。苦にならないのです。

もちろんハイブリッドの方もいますし、中には教えることで理解する人もいます。いろいろですけれども、「読む」か「聞く」かという補助線をもつことで、コミュニケーションの特性の違いが理解しやすくなるのは確かです。

組織の中で人とやりとりするときに、とても役立つ考え方です。たとえば、組織に入ると、「上司」

と言われる人がいます。必ずいます。上司は、報告内容を理解してもらうべき第一の相手です。その際、「この人は『読み手』か『聞き手』、どちらかな」と考えて行ってみるとよいでしょう。知っているかどうかだけで、雲泥の差が出ます。

聞き手に文書で連絡しても、なかなか読んでもらえません。反対に、読み手に口頭で伝えても、右から左に抜けてしまいます。コミュニケーションは、情報の受け手に合わせて行わないと無意味なのです。ドラッカーは「大工と話すときは大工の言葉を使いなさい」というソクラテスの言をもって、同様のことを説明しています。

同じことはリーダーシップについても言えます。リーダーはフォロワーがいなければ、仕事ができません。だとすると、リーダーとしての仕事の質は、フォロワーに理解して動いてもらえるかにかかっているわけです。そのためには、相互のコミュニケーション上の強みを知る必要があるのです。「読み手」か「聞き手」かどちらかを考える。たったこれだけのことが、コミュニケーションの質を大きく変えてしまいます。

一方で、強みがあるということは、弱みもあるということです。弱みはあるどころか、大半は弱みで、強みはほんのちょっとしかないというのが現実ではないでしょうか。私は強みを思うとき、南太平洋に浮かぶ島々を思い浮かべます。強みは大洋に比較すると、ほんの微々たるものです。微々たる強みに、最高度にパワフルな活躍をしてもらう。わずかな強みを最強のものにしていく。マネジメントの原点にある考え方ですね。

しかも、たいていの人は、自分の弱みはそれなりに認識しているのに、自分の強みについてはあまりに乏しい認識しかもっていないものです。とくに謙虚過ぎるのか、「私には強みがない」とさえ思っている人も少なからずいるのです。けれども、強みをもたない人などいません。その点は何の心配もいりません。強みは、呼吸器や内臓のように、知られずとも常に働いてくれているものです。ただ、「強み」という観念を知らずにいるだけなのです。「強みを生かすべき」という考えさえ知らずにきてしまったからです。

弱みを、努力によって強みに変えるというのはどうでしょうか。よく聞く主張ではありますが、無益な精神論以上のものではありません。不可能というか、無理です。私の知るかぎりでも、弱みが努力によって強みに変わった例など一つもありません。やめたほうが無難です。

なぜかはわかりませんが、人には理由もなくできることがあるものです。できてしまうといったほうがいいかもしれません。たいして努力もなしにできてしまうことを、さらに努力したらどうなるでしょうか。まさに鬼に金棒です。

知識の生産性を高めるうえで、「強み」のコンセプトなしには、何も成り立ちえません。

目標を活用する

強みは、経験との相乗効果によって、いっそう生きてくる側面があると思います。ただ頭の中で「自分の強みは何だろう」と考えていても、なかなかわかるものではなく、外に出て現実との関係で自分を使ってみてわかるものと考えてよいでしょう。

ドラッカーも、大学の学生には、「まずはつべこべ言わず外に出て働きなさい」と助言していました。

考えるべきときと、動くべきときがあります。あるいは考えながら動くべきときもあります。はじめから自分が何者かわかっている人などほとんどいないのですから、大学や大学院を出た後に、まったく成り立ちの異なる新しい学校に入学するつもりで現実という最高の教師に教えていただく、その発想が大切なのでしょう。知識社会では、企業をはじめとする組織は最高の大学あるいは大学院の役割を果たしています。ドラッカーと同じウィーン出身の作家のシュテファン・ツヴァイクが、「自分は人生という大学で学んだ」と後に述懐している通りです。

学校時代は、基本的には与えられた範囲で、過去の経験値をもとにやっていくことができます。けれども、社会人になると、いったん過去の経験値が役に立たない局面に誰しもがぶつかることになります。リーチを越えたところで自分を展開する必要に迫られます。今まで付き合ったことのない年代や価値観の人たちと、ときに愉快とはいいがたい活動をともにしなければならない。誰もが通る修羅場の時期です。しかし、知識経営の大家・野中郁次郎氏が指摘するように、後から振り返れば、修羅場こそが強制的に自分を成長させてくれるのです。

自分の強みを知るうえで、揺らぎの中に身を置くにまさるものはありません。ドラッカーも自分が何者かわかるようになったのは、ナチス体験を経た30歳を越えたあたりだったと書いています。多くの人々の実感にも合致しているでしょう。

フィードバック分析を使う

では、本章の主題に戻って、生産性を高める具体的な方法について述べたいと思います。強みを見出すには、どうすればよいのでしょうか。まず自分のやり方、価値観を知ることだとドラッカーは指摘しています。誰か別の人になろうとしないことです。自分の方法、自分の価値観を見出していくことです。

そのための方法をドラッカーは**フィードバック分析**と呼びます。フィードバックとは、振り返りを核とした方法です。自ら成し遂げたことをクールに振り返り、内省し、未来に生かす大切さを説いています。ポイントは、「できたこと」を探すことです。たとえば、今まで、定期試験や受験勉強のときなどに、どんなところでどんな方法で勉強するとうまくいったかなどを思い出してみるといいかもしれません。人生のどんな局面で、どのようなホームランを打ったか――。そのときの手の感触を丹念に思い出していくことです。成功体験を内省していくと、自分がどんな場所で、どんなスタイルで、どんな方法で強みを発揮できるかが見えてくることも少なくないはずです。

できたことをさらに研ぎ澄ましていくのです。補助線になる考え方としては、目標を活用することです。ドラッカーは目標を考えるプロセスを、とても重視しています。というのも、目標を考え抜くこと自体が、自分の強みを体系的に知る上での基本活動だからです。

外交官で国際政治学者のE・H・カーという人が、『危機の二十年』で述べていることです。医学、工学、物理学など、知識が体系化され進化していくプロセスにおいて中心にあったのは、「これをな

E・H・カー
(Edward H. Carr, 1892-1982)
イギリスの外交官、国際政治学者、評論家。豊かな歴史感覚をもとに、国際政治における理想と現実との関係を考察し、『危機の二十年』『歴史とは何か』などの著書を公刊した。ロシア革命やドストエフスキーなどの研究でも知られている。

しとげたい」という目標だったというのです。考えてみればその通りだと思うのですね。漫然と考えていたら、結果的に医学が体系化されていたなどということはないわけです。たまたま散歩していたら富士山の頂上に登っていた、ということがないのと同じです。意思と思考のないところに達成はないのです。

考えるとは、言い換えれば自分に質問することです。自分に問うプロセスに意味がある。というのは、目標設定とは「自分が何をなすべきか」を徹底的に考える活動にほかならないわけですから。ドラッカー晩年の著作『明日を支配するもの』で紹介されているフィードバック分析は、セルフマネジメントの方法として秀逸なものです。セルフマネジメントは個人でできるシンプルなものですので、少し紹介してみたいと思います。ドラッカーはこんなことを述べています。

「強みを知る方法は一つしかない。フィードバック分析である。何かをすることに決めたならば、何を期待するかを直ちに書きとめておかなければならない。そして9カ月後、1年後に、その期待と実際の結果を照合しなければならない。私自身は、これを50年続けている。しかも、そのたびに驚かされている。これを行なうならば、誰もが同じように驚かされるにちがいない」（『明日を支配するもの』）

「何かをすることに決めたならば、何を期待するかを直ちに書きとめておかなければならない」。これ一つとってもシンプルなものですが、実践した方の多くは、「頭脳の筋肉をねじり上げられるような苦しみであった」と言います。簡単に見えるものほど、簡単ではないのですね。

私はフィードバックの技法を利用して、日々の手帳で実行する方法を編み出しています。「フィードバック手帳」と言います。その実践者からも、まずもって困難なのは、自ら目標を考えることだという声はよく耳にします。確かに私の経験からも、目標設定はハードな精神的筋力を要求します。

そもそも目標を考え抜くこと自体が、とてつもない知的負荷をもたらします。自分のことなのに、いかに何も知らないかを実感させられます。けれども、目標の方向性が見えてくると、何度も繰り返すうちに、何を行うべきかとともに、何をするとうまくいくかも見えて来るようになります。やってみれば、できるかできないかははっきりしてしまうわけですから、現実ほど雄弁な教師はいないこともわかってきます。

ドラッカー自身も、生涯フィードバック分析を活用して、自分の強みを研ぎ上げていきました。フィードバックを継続すると、これまで気づかなかったいろんな情報が耳や目に入ってくるようになります。もちろん耳に痛いことや、目を背けたいこともたくさんあります。ふれたくないということは、そのなかにいくぶんの真実が含まれているということですから、やはり現実こそが最高の教師なのですね。外部からの情報に合わせて自分自身を変革していくと、どんどんフィードバックが回り始めます。学習回路がフル稼働してくるのです。

予期せぬ成功を利用する

フィードバック分析の応用としては、「予期しなかったもの（the unexpected）」に目をとめようというのがあります。思いもしなかったことや、期待していなかったことが起こったとき、そこに未来の機会が表れているという考え方です。「予期せぬ成功」と呼ばれています。

思いもかけぬことで人にほめられて、驚いた経験はないでしょうか。自分ではたいしたことをしているつもりもないことでほめられると、誰でもびっくりします。フィードバックのなかには、「人が話していることを聞きなさい」というものがあります。とくに、人が自分に対して言うことの中には、何かしらの意味があります。口にする人は、自覚しているかはともかく、理由があって言っているのです。たとえば、「電話の受け答えが丁寧ですね」「字が綺麗ですね」「いつも気持ち良く挨拶してくれますね」「先日の会議の司会、とてもよかったよ」など、あえて指摘してくれているなかには、それが当たり前ではない、いわば非凡な何かが暗示されていると考えたほうがいいのです。

同じことは、失敗についても言えます。意識していなかったことを、ふとした人の指摘で気づかされることは、日常生活で頻繁に起こります。チャンスというものは、「私はチャンスです」と自己紹介して現れはしません。むしろ多くの場合、チャンスはトラブルの衣装を身にまとって現れることが多いかもしれません。愉快とは言いがたい経路から来ることが多いのです。後から振り返ると、あのときが大きなチャンスのはじまりだったのだと気づかされることが多いものです。

まとめれば、次頁の図のようになります。何かを行おうと思ったら、期待するところをただちに書きとめます。一定の期間の後に実際の成果と比べ、うまくいったこと／いかなかったことを確認します。うまくいったことは一層力を入れていく。弱みは徐々に廃棄し、結果としてより豊かな実りを生んでいくイメージです。

フィードバック分析をご自身の知のアーキテクチャに組み込んでしまえたら、とても強いと思います。

フィードバック分析に限らないのですが、現実からスタートするのが基本です。新しい学校に入るつもりで、現実という先生に弟子入りするつもりでスタートしてみる。ドラッカーの考え方はおおむねこの一点に尽きていると思います。

①何かをしようと考えたとき、期待する成果（目標）をただちに書き留める。

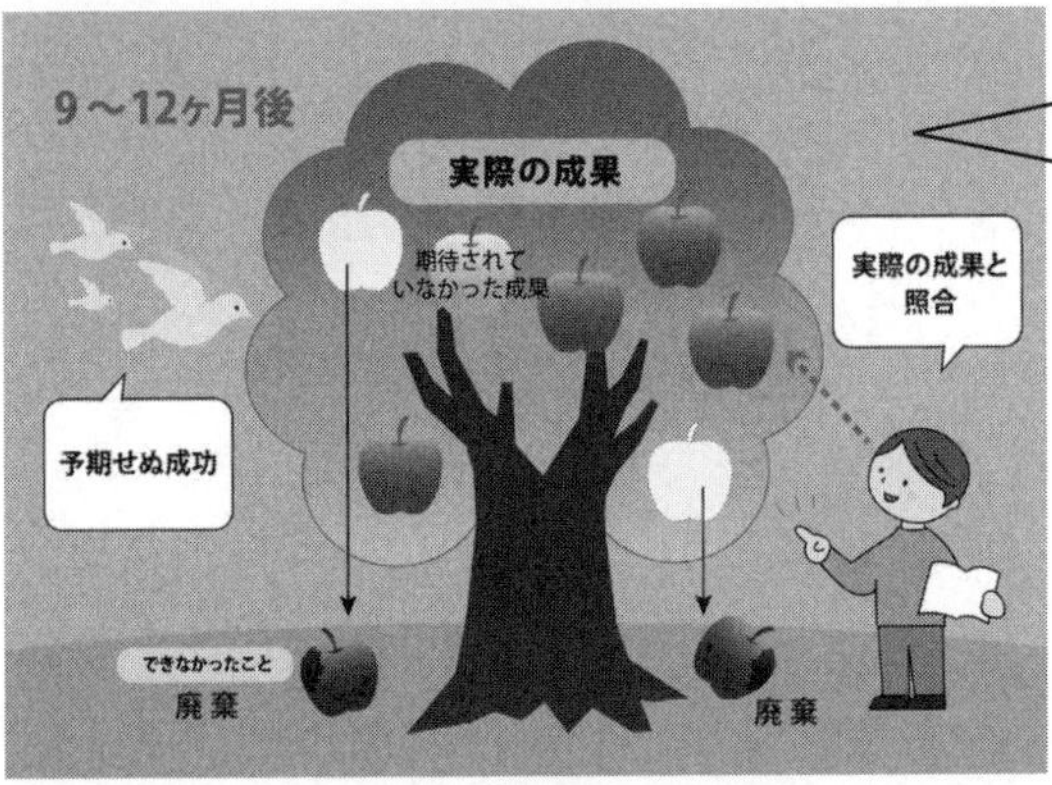

② 9～12ヶ月経ってから、期待と実際の成果をクールに照合、内省し、うまくいったものと予期せぬ成功を探し、うまくいかなかったものを廃棄する。

③できたことをさらに展開するための次の目標を考え、力を入れる。

これを繰り返す。

マネジメントの語源は、「手綱を握る」から来ているそうです。変化の速い時代ほどに、手綱をしっかりと握っておく必要があります。そうでなければ、ただ振り回され、翻弄されるだけです。

フィードバック分析では、「強み」を手綱にするのです。そのうえで、利用できるものは何でも利用するくらいのしたたかさがなければなりません。徹底的に「利用する」のです。置かれた環境も、人間関係も、変化も、すべてを自身のプロとしての成長に貪欲に利用する。そのなかでひいては、所属する組織や社会への貢献になっていきます。

現実の世界は、人間の頭脳で処理できるほど単純ではないのですから、あらゆることを論理的に計画しようとしないで、まずは現実というピッチャーの投げるボールをしなやかに打ち返す気持ちで、バッターボックスに立ってみる。

世阿弥の言葉に、「してみてよきにつくべし」があります。やってみてうまくいけば、どんどんやってみるのがよいとの意味に私は解しています。常識にとらわれないのも一つの知性の働きなら、常識にあえてとらわれてみるのも一つの知性の働きなのです。そのときどきで、うまくいきそうなものを追求すればいいと思います。

人生の手綱をしっかりと握り、未来をつくっていくために、今できるささやかなことから始めてみてはいかがでしょうか。

2節　イノベーションの考え方

「未来はわからない」

ドラッカーは「未来」についても、重要な言葉を残しています。1939年の独ソ不可侵条約を予見したり、1991年のソ連崩壊を見抜いたりなど、的確な未来洞察でも有名だった人です。人によっては、あまりにも当たるのでドラッカーを未来学者と呼んでいたほどでしたが、本人は「自分は予測はしていない、予測に意味はない」と語っていました。あくまでも、「すでに起こったこと」の帰結を見ていたに過ぎないのですね。

理由は簡単です。未来はわからないから。彼は『創造する経営者』（1964）の中で、未来について私たちが知っていることは二つしかないと指摘しています。一つは、「未来はわからない」。もう一つは、「未来は現在とは違う」。

私たちは一週間後の新聞のベタ記事さえ予測することはできません。一つの冷徹な現実です。あえて言えば、この世界は変化を定められているけれど、どう変わっていくかは誰にもわからない。未来は誰にも知ることができない。AIがどれほど進化しようとも、変わることのない真実です。

反対にいえば、こういうことです。「私には未来がわかった」と断言する人、「未来はこうなっていく」とあたかも見てきたようにまくしたてる人たち。わからないことをわかると言い切るのですから、嘘つきか詐欺師のどちらか、もしくは両方です。

　大事なことなので何度でも言います。未来はわからない。漢字の「未来」を見てください。「未（いま）だ来たらず」。来ていないものをどうして知ることができるのでしょう。5年先、10年先はおろか、3秒先のことだって知ることはできません。

未来は「前」か「後ろ」か

　では、私たちは未来をどうとらえればいいのでしょうか。ちょっと考えてみてください。

　あえてこんな質問をしてみたいと思います。未来とは、前にあるものでしょうか？　後ろにあるものでしょうか？

　よく明るい展望を「前向きな」とか「未来志向」とか言います。やはり前にあるものと、ふつうは考えたくなりますね。

　図を見てください。未来は前にあるイメージを絵にしています。中央に人が立っている。前を向いていますね。前は太陽の光に照らされていて、明るいイメージでとらえられています。広々と伸びやかな視野であることがわかります。

　反対に過去は後方にあって、視覚が届かない、暗く把握しがたい

ものととらえられています。

たぶんこのような時間意識から、未来志向＝前向き、それに対して、過去にとらわれる＝後ろ向き、の印象が形成されているのだろうと思うわけです。

いかがでしょうか。そんなふうに考えているのではないでしょうか。しかし、この図式を根本から疑ってかかるのが健全な知性です。当たり前とはよくよく見れば、決して当たり前ではない。常識とは見方によっては、決して常識ではないのです。その証拠に古代のギリシア人などは、反対の時間のイメージを持っていました。中央にいる人が１８０度体の向きを変えたら、どうなりますか？

今まで背後の闇に閉ざされていた風景が見えてきますね。目は前についていますから、今度は過去のほうがよく見える。逆に未来は背後になりますから暗闇に包まれる。

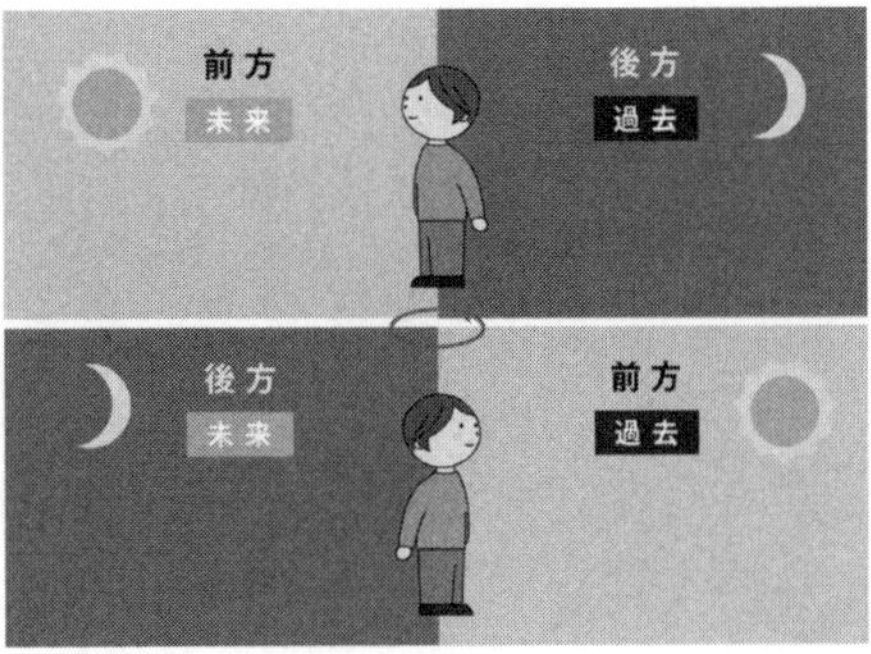

よく考えてみてください。冒頭に申し上げましたように、未来はわからない。5分先のことだってわからない。数秒先だって確実なものはない。未来を直接把握できない、ごくごく一般的な事実を言っているのと同じです。
一方で、過去はどうでしょうか。昨日のこと、一週間前のこと、半年前のこと。覚えていないわけはないでしょう。過去はすでに起こったことなのですから、反省し、理解することができる。理性的

に解釈もできる。すなわち、知的対象としてとらえられるのです。ならば、わかりもしないし直接把握できない未来に目を向ける前に、理解可能な過去をまずは相手にすべきなのではないでしょうか。これが歴史を学ぶ意味であり、経験科学の本質でもあるのです。

未来とは、過去の中に兆しとして内包されているものです。

古代中国の易の思想に、「機」があります。「機微」などと言いますね。かすかな兆しのことです。機はすでに表れているものです。

今私が目にしている樹がこれからどう育っていくのか、あるいは育てていきたいのか。過去から現在に向けての樹のあり方をつぶさに観察することによってしか見えてきません。私たちが未来に対してできるのは、さらにどんなふうに育ってほしいか期待することです。期待を書きとめて、それに向けてベストを尽くすことです。期待と行動が、「機」に

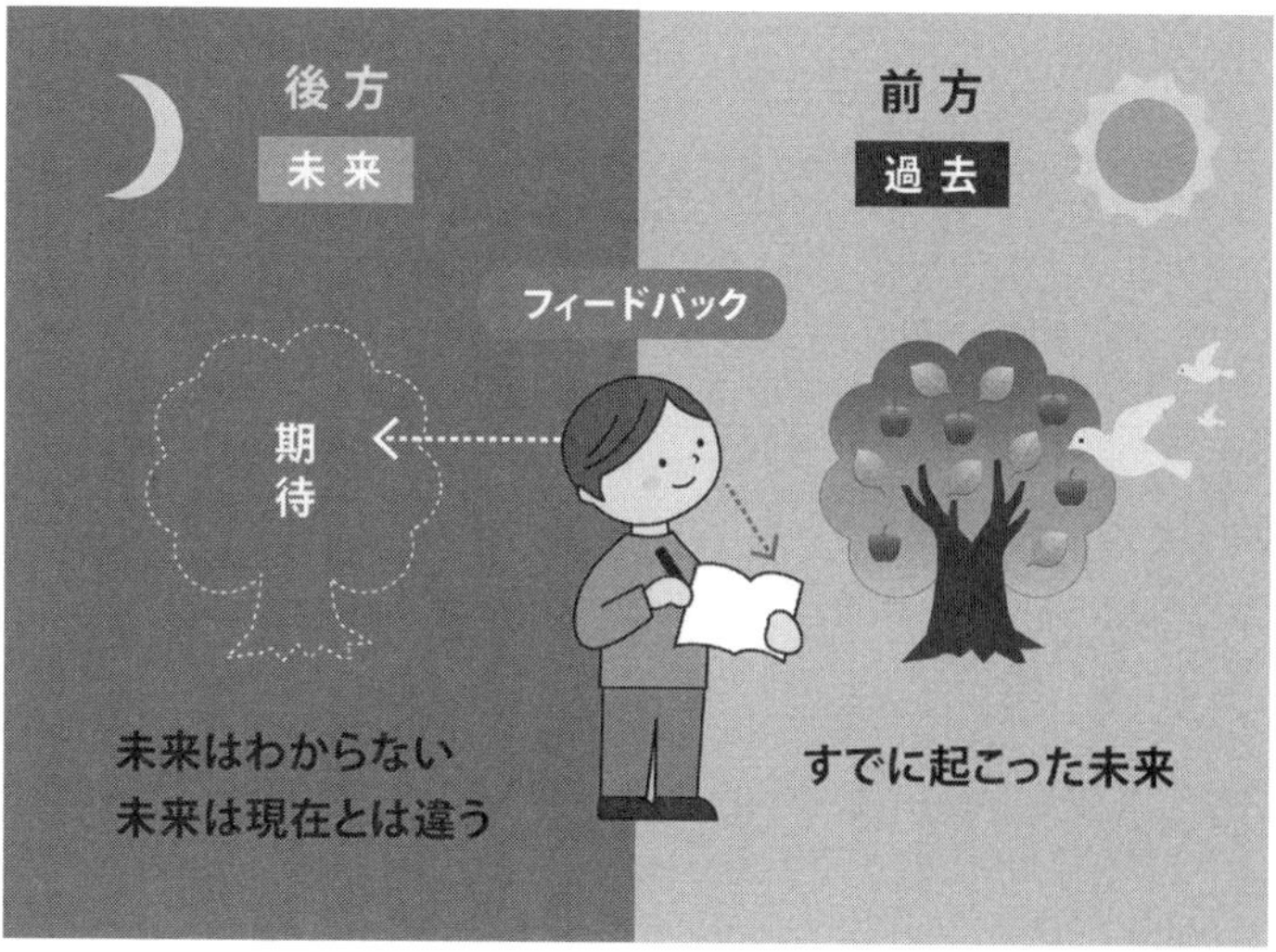

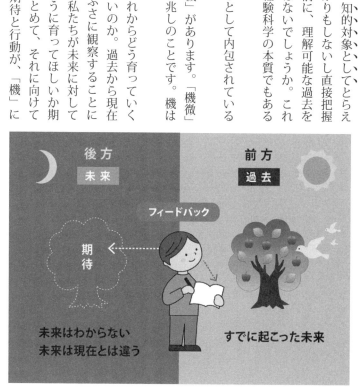

気づかせてくれる実践的な知性を育んでくれるのです。

こうしたことは、フィードバックの考え方にもつながります。というより、ドラッカーの言うフィードバックそのものと言っていいでしょう。

ただし、人間の記憶ほどあてにならないものはありませんから、しっかりと記録しておく必要があります。できたら日記をつけるといいと思います。日記を書くとは、自分の歴史を創造することです。歴史を創造する活動は未来を創造する活動でもあります。

過去から未来を創るのに重要なこと

つまるところ、未来を知ることは、過去を知ることなのですね。ドラッカーが予測そのものに意味がないと語ったのは、まさにその意味です。未来がどうなるかなんて、誰にもわからない。わかりもしないものをわかったつもりになって行動することを、世間では「ばくち」と言います。自分のもつ大切な時間を、ばくちに委ねてはいけません。

では、過去から現在までを見る際に、大事なことは何でしょうか。

分析、リサーチ——。それらも大事ですが、あくまでも補助的なツールです。本当に大切なのは、見る力です。要は観察です。こればかりはまずかったらどうにもなりません。

少し考えてみてください。今日（もしくは最近）電車の車窓の風景や、駅の雰囲気、人の表情、空の色、広告、そんなものをきちんと見てきましたか。目を働かせていましたか。

見るのは、見えるとは違う。ただ視覚を働かせているだけでは、本当に見ていることにはなりません。見るのは立派な仕事なのです。まず見ることが一級の仕事と知ることです。自覚をもって、責任をもって何かを見ることです。

プロと言われる人には例外なく、責任をもって見るべき対象があります。医師も裁判官も教師もジャーナリストもフォトグラファーも、一意専心見るべきものをもっています。

かつてあるプロのフォトグラファーから話を聞いたことがあります。その方は、風景写真撮影の指導もしていたそうなのですが、腕が上がらない人に共通する一つの癖を発見したと教えてくれました。すぐにシャッターを切ることだったそうです。きちんと対象を見ないで、ちょっといいなと思ったらシャッターを切る。これを繰り返していると深みのある写真はまったく撮れないし、少しうまい程度の素人からは抜けられないのだそうです。デジタルが普及している昨今などはなおさらかもしれません。観察力ばかりはテクノロジーで容易に代替できません。

ドラッカーもやはり、見る人でした。一般にマネジメントとか企業経営の専門家だと思われていますし、それは正しいのですが、正確に言えば、企業で働く人間を見ていた人です。観察の中心には人間がいました。

彼のマネジメント関連の本をぱらぱらとめくってみてください。人の話ばかりしていることに驚かされるはずです。イノベーションでもマーケティングでも戦略でも、何でもそうです。マネジメントというと何かジャーゴンが多くて、むずかしい理屈がたくさんある印象がありますが、つまるところ、マネジメントを動かしているのは人なのです。どんなに複雑な構造をもった巨大な船や、何百億円かけた情報システムであっても、人がいなければ意味をなさないためです。

反復と継続で観察力は高まる

では、見ること、観察力を高めるための秘訣には、どのようなものがあるでしょうか。二つあると思います。

一つは、継続的に見ることです。何度も繰り返し見ることです。毎日毎日判でついたように。同じことを繰り返すのは一見、退屈な作業に思えます。あまりクリエイティビティを感じさせません。けれども実際には繰り返しほど、クリエイティブなことはないのです。その証拠に創造的な人ほど、同じことを飽きずに何度も繰り返しています。

指揮者の小澤征爾さんは毎日数時間、楽譜の読み込みを行っているそうです。作家の村上春樹さんは毎日同じ時間に起きて、午前中の同じ時間机に向かって小説を書くそうです。練達のピアニストは一日に決まった時間練習します。スポーツ選手も同様ですね。いずれも判でついたように毎日同じ行動をとっている。共通するのは、反復する力だと思います。

なぜ繰り返しが大事なのでしょうか。毎日同じことをして、同じものを見ていると、変化が見えてくるからです。反復によって知覚のセンサーが鋭敏になって、ちょっとした入出力の差異を読み取れるようになるのです。たまにしか見ないことでは、変化を読み取ることができません。毎朝同じ電車に乗っている人だけが、車内の顔ぶれの変化や環境の変化を読み取ることができるわけです。

もう一つは美しいもの、ストレスのないもの、自然に力の湧くもの、敬意を寄せられるものを見ることです。一言で言えば、わくわくするものを探すことです。逆にいうと、醜いもの、ストレスフルなもの、力を減退させるものから距離を置くことです。そうしているうちに、自分が何を見たがっているかがわかるようになります。精神の細胞が一つひとつ湧き立つような観察対象を見出すべきです。

未来を考えるためには、まずは過去をしっかりと見ること、そしてそのためには、日記もいいかもしれないし、自分なりのルーティーンを作ることが重要ですね。

「予期せぬ成功」を探す

ちょっとこの図を見てください。イノベーションの樹です。ドラッカー『イノベーションと企業家精神』（1985）の記述を参考につくったものです。

すべてが変化を見つけるときの着眼点を示しています。ドラッカーのマネジメントでは、新しい事業をはじめるために、どのようにものごとを見て、どのようにアイデアを出せばよいか、どう考えればよいかについての有益な視点を7つあげています。いずれも、どう視覚を働かせればよいかに関するものです。

最も成功しやすいのは、①「予期せぬ成功」、つまりどこからか飛来してくる鳩で表現されているところです。

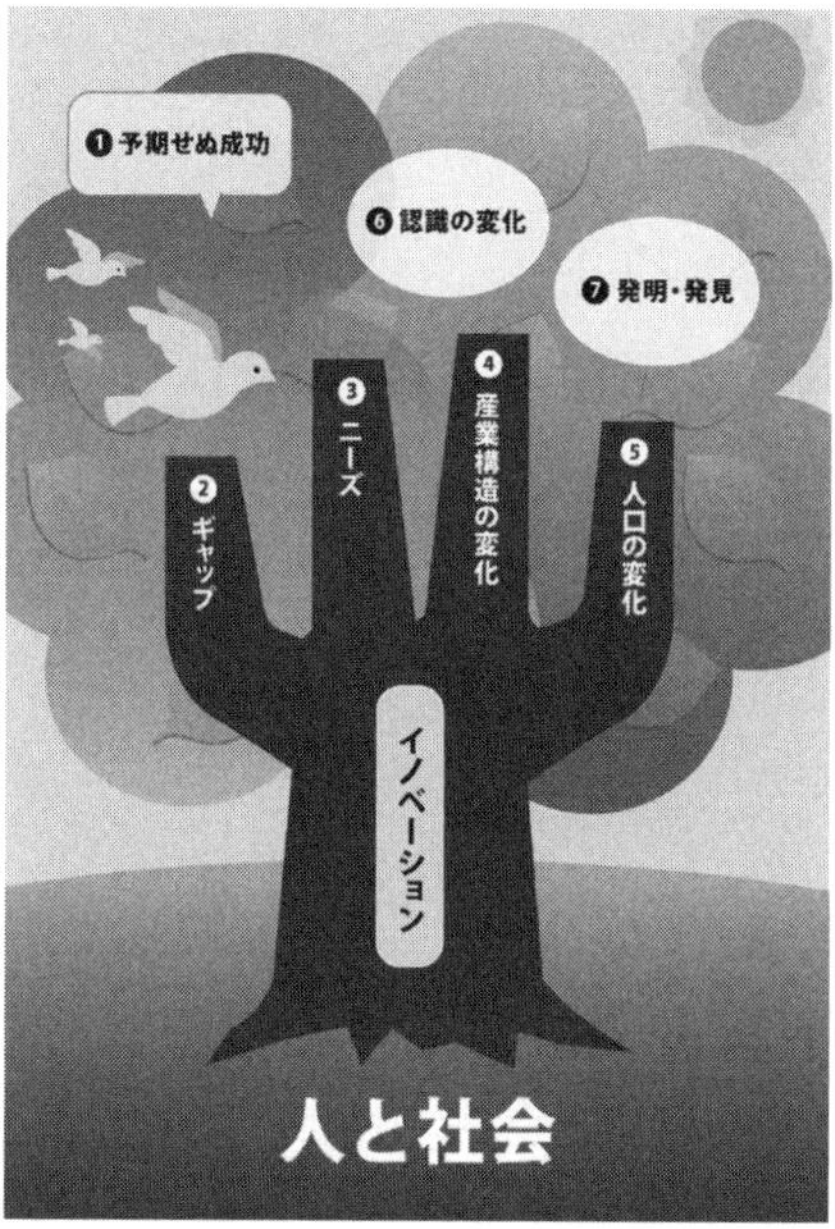

私たちが新しい事業や新しい製品・サービスを見出そうとするとき、まず世の中の変化を見なければなりません。幸いなことに、世界は変化で満ちあふれています。世の中の変化を利用して、自らの事業を成功させていく視点です。想像もしていなかったところから不意にやってくることの中に、成果の種が宿ることを意味しています。

「予期せぬもの」とは何でしょうか。思い出してみてください。「予期せぬ人からの連絡」「予期せぬコメント」「予期せぬ褒め言葉」「予期せぬ苦言」「予期せぬ出来事」「予期せぬ成功」「予期せぬ失敗」といった、自分たちが予期しなかったことを、事業のまわりで探していくのです。

たとえば、これまでひょんなことで自分の思いもよらない点を褒めてくれる人がいたり、何気なく参加した飲み会から悩みの打開策が生まれたり、小さな新聞記事から新しい企画を思いついたりなど、そんなことはありませんでしたか。

なかったはずはありません。けれども、多くの場合、予期せぬ成功は気づかれもしない。そればかりか、無視されたり嫌われたり、迫害されたりさえする。そして、多くの場合イノベーションの種は気づかれることもなく、去ってしまうのですね。

ある青果店が見つけたこと

イノベーション、言いかえると、これまでと違う未来を創ることは、なんらおおげさなものではなく、かえって素朴なものだとドラッカーは力説しています。ほんのちょっとしたことなのです。

友人のコンサルタントの国永秀男さんから教えていただいた話です。ある青果店がある時期から急速に成長したといいます。通常、青果店はそれほど成長する業界ではないでしょう。なぜ成長できたのでしょうか。

この青果店は、店でも野菜を売っているのですが、それ以外でも、お弁当とか給食の会社に野菜を卸していたという。あるとき、「明日、工場で野菜を加工してくれているパートさんがまとまって休んでしまう。そうすると手が足りなくなってしまう。いつもはそのまま野菜を卸してもらっているけれど、明日だけでいいので、会社の仕様に合わせて野菜をカットして納品してもらえないか」。お得意の顧客からこんな要望があったというのです。

それを聞いた青果店の経営者の方は、「面倒だな」と思ったそうです。当然ですね。野菜をカットする設備もないし、人もいないわけですから。

この「面倒くさいな」「気が進まないな」という軽いストレスは、後々考えてみるとイノベーションの発する秘密のサインみたいなものです。そこには「予期せぬ何か」があるのです。

結果として青果店の経営者は、お得意さんでもありますし、何とか対応してあげたいと思った。身内とか社員の家族の方々に声をかけ、人海戦術で野菜をカットして納品できたというのです。

そのとき経営者の方は、「今回の出来事は自分たちにとってどういう意味があるのだろう？」と考えたのだそうです。「顧客からの予期せぬ要望ではないか」と。

よくよく考えてみると、カットによるメリットにも気づきました。野菜は形が悪いと商品価値が出ません。たとえば大根が二股になっていたり、ねじくれていたら、お店には置きにくいし、悪くすると値段もつかなくなってしまいます。

でも、同じ畑でできた野菜なら、形はよくなくても、味は変わらないはずですから、カットしてしまえば品質に問題はありません。かえってカットした野菜を納めるなら、仕入れ値を下げながら、顧客本位の納品ができると気づいたのです。

そんなことを考えながら、新しいお客さんのところに行って、「うちはまったく同じ金額で御社の仕様に合わせてカットして納めます」というと、たちまち契約がまとまるわけです。カットした野菜をそのまま、従来の値段で納めてもらえるならうれしい話です。そのようにして急激に青果店は成長したというのです。

「予期せぬ出来事」を利用する仕組み

つまるところ、「予期せぬ出来事」を、未来からのメッセージと受け止めることができるか、それを反省して現実にフィードバックできるかが、ポイントになってきます。

そのためには、仕組みにしていかなければなりません。場当たりではだめです。なぜなら、「予期せぬ出来事」は無数に起こることでありながら、すべてが事象としては一回きりのことだから。まさに一期一会の世界なのです。

ならばなおさら、「予期せぬ成功」を見つける仕組みを体系的につくっていかないと、継続的に成長の種を見出していくことは困難です。

では、「予期せぬことの多くはどこで起こっているか」との問いが、次に出てきますね。結論から先に言うと、「予期せぬ成功」のほとんどすべては、現場で起こっています。というよりも、現場とは、予期せぬものと人が遭遇する場のことを言うのです。企業でいえば、お客さんとの接点や、お店などとのコンタクトの場で起こるものです。

とするならば、企業経営者や管理者にとって、未来について意味ある情報、すなわち「予期せぬ成功」に伴う情報を集めようと考えたら、現場で起こっている出来事を体系的に収集する努力が必要になる。現場で起こっていることに意味があるということです。

私は晩年のドラッカーにインタビューする機会をもったのですが、どれほど高度な情報システムをもつ企業であっても、現場で起こる予期せぬことに伴う情報を体系的に収集して役立てている企業はほとんど、あるいはまったくないと嘆いていました。

では、そのための仕組みとはどのようなものでしょうか。ポイントを挙げれば、①記録して、②実際の行動と照合し、③反省して、④未来の行動にフィードバックしているかにかかわっています。まさに、フィードバック活動を組織的・体系的に行っているかということです。

「うまくいったことだけを考える会議」

具体的には、どんなふうに仕組み化するか。ドラッカーが推奨する会議の方法をご紹介しておきます。実際にコンサルタントの方々が実践して成果があがると感じる、折り紙付きの方法です。

「うまくいったことだけを考える会議」です。ある営業担当者が一月動いてみて、５件のお客さんがとれたとします。一件一件のお客さんについて、どのようにして出会うことができたか、どうして選んでもらえたのかなどを全員で徹底的に意見交換するのです。

そのお客さんに出会ったとき、最初に何を話したのか。どんな資料を提供したのか。話し方はどうだったのか。お客さんはどこを評価して契約してくれたのか。ポイントは何だったのか。

そのような項目を用意しておいて、担当者が書いたものを持ち寄ります。発表内容は、「売れた理由」「うまくいった理由」だけです。

たいていの会議は逆ですね。うまくいかなかった理由や失敗ばかり問い詰め、責められることが多いものです。そんな中でやる気を出せというほうが無理というものです。「売れた理由」だけを考える。「なぜ売れたのか」だけを質問してもらうのです。

たとえば、かつてある方と話していて、印象的だった話があります。その方は、何か郵便物、たとえば打ち合わせの資料とか、見積書や請求書などを送るときに、ちょっとした手書きの添え状、あるいは一筆箋を入れていたというのですね。

本人は習慣で行っていただけのもので、たいしたことをしているつもりはなかったそうです。けれども、何かの折に、受け取る方から話を聞いたら、添え状がとてもていねいで、気持ちよく受け取ることができたと。

一方で、何かを送るときに、添え状なしで送る人が思いのほか多いことも、そのときに気づかされたといいます。そのときはじめて、自分が礼儀正しく、ていねいな人であることを知ったというのですね。

同じことは、日常いくらでもあるのではないでしょうか。素朴なことでいいのです。強みはたいてい素朴な習慣に宿っているからです。

何より、顧客側の発想でものを考える訓練にもなるでしょう。何が喜ばれたのだろう。何が役に立ったのだろう。お客さんしか知りません。以来お客さんの発した言葉の意味や、隠された本音を深く考えるようになったといいます。

さらにもう一つ。何かがうまくいくと、ほかの人も真似をするようになるのです。こうしてよい行動をみんなが真似するようになる時、よい文化が生まれていきます。

「そんなやり方をしていたの？　自分にも教えて」ということが起こります。

こうして、人の話に以前より耳を傾けるようになり、人の行動を意識して観察するようになる。良質なフィードバックだと思います。

ポイントは、予期せぬことを「最高の先生」と考えることです。「予期せぬこと」を学習の機会として、オープンにとらえていくことです。ドラッカーのマネジメントの中核にある考え方です。

まさにその点から、強みを発見する最も簡単な方法は、過去においてうまくできたことを探すことだと。先に述べたように、過去においてうまくできたことは、あまりにはっきりと現れているわけです。過去にできなかったことで未来にホームランを打とうなど、無理な相談です。

同時に、過去への反省を伴わない未来志向など、意味をなさないばかりか、害をもたらします。繰り返しになりますが、もし強みをもとに人生を切り開こうとするなら、行うべきことは簡単です。過去を観察すればよいのです。そのなかに「ささやかな成果」を探し当てられたら、しめたものです。

ちなみに、「私には強みなどないのではないか」と心配する必要はありません。強みなどわざわざ見つけ出さなくても、誰でももっています。ただ強みはまどろんでいることが多いので、意識してあげることで起動していきます。覚醒させてあげることです。そのためのツールが、フィードバック分析なのです。

そのときも、人が自分にくれたちょっとしたコメントや感想を意識することです。人の話すことに注意深く耳を傾けることです。人が語っていることには、語っている当人でもわかっていない、大切な何かがあるからです。

未来を創るために、今日から日記を書いてみる

未来は予測できない、とするドラッカーの見解を紹介しました。けれども一つだけ、個人でもできるとてもシンプルなこと、未来を予測する方法があります。

自分で作ってしまうことです。こんな確実なことはないでしょう。

〝The best way to predict the future is to create it.〟と、ドラッカーは表現しています。未来を予測する最善の方法は、自ら創造することだと。もう一つ、変化をコントロールすることはできない、できるのはその先頭に立つことだけだとも、言っています。未来に何をするかではなくて、「今」何をするかなのです。

私は時々思います。未来とは、存在していないものなのかもしれない。あるいは、現在の意味を測る尺度に過ぎないのではないか。なぜなら、未来はやってきたときには、すでに現在になっています。そして気づけば過去になっています。その意味では未来とは、頭の中にのみ存在するコンセプト以上のものではないともいえるでしょう。

正確に言えば、新しい未来を創るために、今とるべき行動を探すのが、イノベーションです。目線

は未来にあっても、行動の時制はどんなときも「今」なのです。

ところで、あきれるくらい簡単なことで新しい未来を創る、確実な方法があります。

今日から日記を書くことです。一日数行でもいいから、できれば毎日書くことです。そして、必ず一定期間、たとえば半年後とか1年後とか決めて、読み返すことです。それだけで、確実に未来は変わります。

日記を書くのは、過去を意識する最も確実で簡単な方法なのです。その証拠に、中世から近代にかけて、ヨーロッパから世界全体に教線を拡大したプロテスタントやカトリックでは、なぜか共通して日記が奨励されていたそうです。

高額な自己啓発セミナーやオンラインサロンに加入する必要などありません。かえって怪しい思考をインストールされるのは危険です。未来はすでに過去や現在の中に起こっているのですから、丹念かつ繊細に観察の目を向ける。そして現在にフィードバックするのです。

日記とは、言い換えれば日々の自分の行動観察であり、内省とセルフモニタリングのための最高の道具です。何よりお金がかかりませんし、時間もわずかで済みます。一人でできます。何を考えたか、誰と会ったか、どんな話をしたか、どんな本を読んだか、何を食べたか、どんな景色を見たか……。自分の行動観察を何度も行うことで、変化が見えるようになります。日々の小さな変化であっても、長い時間になれば大きな変化になります。

何より、誰か別の人になろうとしないことです。私の好きな哲学者ニーチェはこんなことをいっています。

「この世界にはあなたにしか歩めない道がたった一つだけある。その道をたゆまぬ努力をもって見つけ出し、堂々と歩め」。

自分だけの道は、すでに自分の中にあるのです。書いた日記を読み返すのは、自分の歴史を振り返りながら創造するのと同じことです。ささやかな日々の営みが、やがて凡人を巨人のレベルにまで成長させてくれるのです。

日記を書き続けると、「継続的に」「何度も」自分を見つめることができます。その積み重ねが未来を創ることにつながります。

4章　知識社会と社会生態学をめぐる対話・前編

井坂康志
×
多田　治

1節　ドラッカー思想をどう理解するか

多田　それでは始めていきます。よろしくお願いします。

私のドラッカーとの出会いは、井坂さんの主著といえる『P・F・ドラッカー――マネジメント思想の源流と展望』を読んだところからでした。

ほかにも井坂さんは、『ドラッカー入門　新版』や、『自らをマネジメントするドラッカー流「フィードバック」手帳』をはじめ、ドラッカー関連の仕事を長く精力的に続けてきておられます。

それらとの兼ね合いでいうと、今回の本書は、どういう位置づけにある感じでしょうか？

思想と実践の使い分け

井坂　ドラッカーを見るときに、知的展開における垂直方向と水平方向を意識してきました。『P・F・ドラッカー――マネジメント思想の源流と展望』『ドラッカー入門　新版』は井戸を掘るような気持ちで、垂直方向にエネルギーを使ってきました。『自らをマネジメントするドラッカー流「フィードバック」手帳』はどう広く活用するかを考え、水平方向の展開方法になっています。今回は、社会学とのコラボということで、水平的な位置づけをもつと思います。なかなかふだん出合うことのない知的領域ですね。

多田　なるほど、とてもわかりやすい整理で助かります。お仕事や文章をそのように、複数のモードを使い分けておられるのですね。ご自身は謙遜されるかもしれませんが、井坂さんは日本のドラッカー界隈ですでに長く活躍され、多くの人に影響を与える太陽（月？）のような存在となっておられるので、そのような垂直と水平、思想と実践の使い分けを示してくださるだけでも、参考になる人が多いと思います。

思えば、『マネジメント思想』を書評させてもらった時には、ずいぶん解読に苦労を強いられたものです。文章が異様に硬質であるうえに、盛り込む情報量がハンパなかったからです。あれは井坂さんの博士論文でしたし、初期ドラッカー思想の根幹や来歴を、ていねいに読み解くものでしたからね。今回の文章はより実践的な内容が多く、読みやすいので対照的ですが、エッセンスは『マネジメント思想』に凝縮され、そこから派生しているわけですよね。

またこのような垂直と水平、思想と実践の使い分け、二重性は、ドラッカー自身の著作そのものにも見受けられるわけで、それ自体が彼の特質を表してもいますよね。

井坂　そうおっしゃっていただけると救われます。私から見れば、多田さんこそが、縦と横でのお付き合いの中で、多くの学びをいただくことができた方です。人としての魅力と、知識人としての魅力、両面からふれさせていただけたのはかけがえのない財産です。

ドラッカーの初期三部作

多田　ありがとうございます。しかし、読者の皆さんは私たちの関係を知らない前提なので(笑)それについてはまた追い追い。『マネジメント思想』の話に少し立ち入っておきたいのですが、この本で井坂さんは、ドラッカーの初期三部作『「経済人」の終わり』(1939)、『産業人の未来』(1942)、『企業とは何か』(1946)を中心に検討してますよね。私も実際、この三部作にドラッカーのエッセンスが詰まっていると思うし、社会生態学やマネジメント、イノベーションなど、のちの一連の仕事の展開も、この三部作で育まれ、ほぼ出そろっていたように思われるのですよ。我々の本書で出てくる「強み」や時間論なども、全部この初期三部作とつながっていると言っても、過言ではないと思います。

井坂　そのとおりだと思います。作家にとって、第一作目に全

構想と全才能が表れているというのは真実だと思います。

１９３０年代から40年代にかけて、ドラッカーは文明史的な危機を担った一人の若者だったわけですね。一つの時代が負いきれないくらいの不条理を担った20世紀ヨーロッパの生き証人だったわけです。同様に文明喪失の予覚の中を生きたウィーン人、シュテファン・ツヴァイクは『昨日の世界』で、「破局のカタログ」とも表現しています。いわば、危機の連鎖のさなかにあった一つの時代だったわけです。

反対に言えば、ドラッカーの故国オーストリアは、19世紀黄金の安定期を享受してきたわけで、積年の矛盾が噴出した地点に偶然居合わせた結果でもあるのでしょう。

あえて付け加えれば、やはり彼がユダヤ系の血筋を引いていることも、関係しているのではないでしょうか。常時、故国を追われるリスクを抱える中では、学問、芸術、技能などの知の素養をもつことが最高の生存保証になるわけですから、後々知識社会を提唱するのも、つまるところ初期の生活体験に由来していたと考えてよいと思います。

多田　生まれ育った土地や国を離れ、移動生活のなかで自己のキャリアを形成していったからこそ、自分が身につけた知識こそが何よりも頼るべき資本として、よりどころとなったというわけですね。ほかのユダヤ系知識人の人たちも、そうだったのでしょうけれども。

シュテファン・ツヴァイク
(Stefan Zweig, 1881-1942)
　オーストリア出身のユダヤ系作家。20世紀ヨーロッパを代表する知性の一人として活躍する。平和主義者として、伝記、小説、戯曲、詩など豊かな創作世界を構築した。最晩年に書かれた伝記『昨日の世界』は、20世紀前半の西欧世界を知るうえで好個の資料ともなっている。著書に『人類の星の時間』『マゼラン』などがある。

井坂　そう思います。20世紀前半などは一部の特権的知識人のみが、移動生活の中で自身の資本を頭脳の中に蓄積していけたわけです。しかし、彼らと言えどもヨーロッパ全体からすれば、ごく例外的でした。

一方で、21世紀の現在においては、知識を糧とし、価値を組織的に生み出すのがごく日常になっています。『断絶の時代』でも、シームレスに知識を連結して世界中のどこででも生産活動が可能になる、グローバル経済の到来が早々に指摘されていました。少なくとも現在、なじみの風景になっているのは間違いありません。

必ずしも東奔西走する必要はなく、情報のやりとりでも十分なわけです。今回のコロナによって、その傾向は強力に後押しされたように見えます。

多田　ええ、今はそうですよね。ただ当時はインターネットもない時代ですから、ヨーロッパからアメリカへ渡ることは、決定的に重要な認識の転換をもたらしたのでしょうね。

井坂　ご指摘の「認識の転換」は重要だと思います。オーストリア・ハンガリーは旧文明の中心地でしたから、それが第一次大戦で事実上消滅して、ドイツ各地でナチスの躍進を目にし、イギリスという中間地点を経て新文明のアメリカにいたる。背後に腕のいい演出家がいたのではないかと思えるくらいに、一人のパーソナル・ヒストリーの中に文明転換に伴う認識の変化が映し込まれている。私がドラッカーに第一に魅力を感じたのは、その点でした。

2節　学校教育と知識社会

学校教育の閉塞感

多田　井坂さんと私は、大学時代から30年近く続いている間柄で、1990年代前半に、大学の音楽サークルの2学年離れた先輩・後輩でした。ただそのサークルだけでなく、授業の空き時間さえあればいつもそれぞれが大学の図書館で本を読みふけっていて、ほぼ毎日近くそこで会うので、缶コーヒー片手に休憩しながらいろいろ語らった仲でもありました。

さて、それをふまえつつ、ドラッカーに戻ります。彼の『断絶の時代』や、井坂さんの『マネジメント思想』を読んでいると、彼のいう知識社会というのは、学校教育とはむしろ対立するというか、対義語のようにさえ思えてくるのですよ。

井坂さんの本で、ウィーンのギムナジウム（日本の中高に当たる）での退屈な勉強や、学校にしばられて非創造的な生活にうんざりしたドラッカーは、これを脱すべく、「学校帰りの図書館での読書に精神の飛翔の場を見出し」ていたと。この記述がとても印象的でした。

この一節に私は、大学時代いつも図書館で本を読みふけっていた井坂さんと私の様子を、オーバーラップさせていたんですね。キャンパス内でもどこか、居場所を求めて図書館に流れていくような、マージナルな感覚を共有していた気がします。

井坂　そうですね。ある種のディアスポラ体験だったのかもしれません。私はギムナジウム時代のドラッカーの閉塞感をツヴァイクの「前世紀の学校」の記述に重ねて読んでいったのですが、今読んでも、ツヴァイクの少年時代は、反骨のロックシンガー「尾崎豊」が１００年前に現れたような世界なのです。そのなかで、ツヴァイクは、あの閉塞的な空間に生きたものには二つの選択肢しかないといっているのです。権威に従属するか、閉塞をばねに創造性を解き放つか。この感覚はあの時代の多田さんと私にも通じるものがあると思うのですね。

ある意味では人は、どんな状況にでも慣れることができるわけです。『夜と霧』のヴィクトール・フランクルが、強制収容所に入れられた時、医師としてまず驚いたのは、人が想像もできない劣悪な環境下でも死なないばかりか、通常以上に健康に生きられることだったと書いています。人はどんな環境にでも慣れることができると。ナチスだろうがソ連だろうが大日本帝国だろうが、それなりに状況に適応して快適に生きている人はたくさんいたのだろうと思います。

けれども、環境になじめない、どこか窒息感があると、どうしても自分で居場所をつくらなければならなくなる。それがマージナル性を定められた者の生き方だと思うのです。とくに芸術や学問などの分野で創造的に生きたいという思いは、今置かれた非創造的な環境への拒否感から発している場合が多いのではないでしょうか。ある種の怒りの感覚というか、不条理の感覚というか、それをばねにしていこうという。

多田　私は20年以上、大学で教育者の立場にあるので、学校教育が子どもや若者をすくすくと育てるものであってほしいと切に願うものです。しかしそうなっていないことが多いのは、なぜなのでしょう？

勉強や知識が、学ぶ人にとって楽しくなくなってしまうのは、知ること自体が目的というよりは、試験や進学、成績、就職など、出世や業績を得るための手段と化してしまっているからなのでしょうかね。

浪人時代は学びの原体験

井坂　学ぶこと、知ることは誰にとっても喜びなのではないかと想像しますし、そうあってほしいと願います。生きる喜びの源に直結するものだからです。

ご指摘の勉強や知識が時に楽しいものでない理由の一つには、学び方の問題があったのかもしれません。ドラッカーも、学校教育では学べなかった人です。けれども、新聞記者や証券アナリストなどの実務による学びのパフォーマンスはずば抜けて高かったようです。

おそらく学び方ほど多様なものはないのに、その多様さがまだ十分に知られていないだけなのかもしれませんね。私自身は子供のころ、人から教わるのがとても苦手でした。ですから、学校や塾の授業による勉強は本当に苦痛で、じっと座って授業を受けるのは退屈を越えて恐怖でしたが、本を買ってきて自分のリズムで読むとわりと楽しかったのを思い出します。あるいは、母が音楽や美術を好む人だったので、家でレコードをひたすら聴いたり、画集を見ているときは至福の時間だったのを思い出します。一人で学ぶタイプだったのだと今にして思います。

唯一の例外は予備校です。多田さんも私も大学に入学するまでに一年浪人しているわけですが、浪人時代は学びの原体験ですね。あの頃、予備校はものすごく熱かったのです。先生が人生をかけてぶつかってくるのは、文字通り格闘技を思わせるものでした。あんな場所はなかなかないですね。今でも。

多田　予備校ばなしは、私たちの間でたびたび盛り上がりますよね。そういう世代でもあり、時代でもあった。たまたま同じ代々木ゼミナールで、私は89年の大阪校、井坂さんは91年の代々木本校ですよね。田村秀行氏の現代文とか、土屋博映氏のサテライン古文、マドンナ先生・荻野文子氏の古文とか、受けた名物講義を列挙できます。

大教室にギッシリ受講生が埋まり、あふれんばかりの熱気とエネルギーが、教室には充満していた。その話術巧みな講義展開に圧倒され、ひきつけられるとともに、それまで受けていた高校の授業のしょぼさを悟ったものです。大学の授業に期待して、入学後にガクッと失望したのも、予備校との落差からでしょう。思えばあのころ、予備校で初めて論理的思考や、知ること自体の面白さを教わっていたのではないでしょうか。私は自分が大学でやる授業も、予備校で受けた授業が原型、モデルになっています。

井坂　おそらく予備校業界自体が、正規教育との関係でマージナルだったからではないでしょうか。とくに代ゼミの先生は、本来研究者や教育者になるだけの十分な知的素養がありつつも、受け入れられるべき世界に受け入れられなかった人々という印象でした。ちょうどアメリカがヨーロッパの辺境として、自身の使命を自覚したのに似たものがあったのかもしれません。

でも確かに言えるのは、土屋博映氏や田村秀行氏などなど、超一流の教師に溢れていた事実です。今にして考えても、彼らはちょっとお目にかかれないくらい超一流でした。高校時代のぬるい環境とは全然成り立ちが違っていました。誰もが自分たちの戦場で戦っていたし、修羅場を見た人特有の凄みがありましたね（まさに「日々是決戦」！）。彼らは授業の凄さとともに、人としてそそり立つごとき姿勢が違っていたのです。

多田さんが現在、専門教育機関の中心にありながら、辺境の知を取り入れているのは、本当にすばらしいことです。何より、学生にとってそれにまさる豊かな知の機会はないのではないでしょうか。すでに80年代から90年代の予備校文化は絶滅してしまったようですが。

アウトサイダーの学び

多田　知ること・学ぶことそれ自体に、感動や濃密さがある。それがあの頃の予備校文化だったのでしょうね。その意味で当時は1年浪人することに、実質的な意味があったように思います。もちろん「棒に振る」リスクも常にあったので、たえず必死に食らいつくことを求められてはいたのですが。

逆にいうと、高校や大学は正規教育であることでかえって、授業や学びが形骸化したり画一化されたり、試験や入学や単位や就職やら、学習が出世や処世の手段・道具と化してしまう面が、多分にあります。マージナルな位置づけにある予備校や講師が、むしろ純粋に学ぶこと・論理的思考の面白さ・喜びを伝えてくれたというのも、逆説的ですね。

そういえば、ドラッカーの『断絶の時代』を読んでいると、予備校の授業を受けていたときと似たような、すがすがしい感覚をおぼえます。知識社会の到来の議論は、形骸化・画一化された学校教育的なものへの批判と、セットだったのではないでしょうか。

井坂　確かに、ドラッカーと予備校文化はアウトサイダー性を結び目としてつながっていますね。卓見です。

知が本来的にもつスリリングな感動のなかには、支配的な権威への抵抗、あるいは異議申し立てという形式をとってしか表現できないものがある。というのも、本来的に知識人とは野党的な立ち位置を通してしか、知のもつ斬新さをいきいきと再生産できないものだからです。しかも、その抵抗は、既成の権力構造の内側からだって十分に可能なはずです。私たちが入学した90年代初頭の大学には、まだその文化が残っていましたね。

多田　答えのある、フォーマット化された知識を伝達する教育機関としての学校。ドラッカーは、知識の創造性や、人間の内発的な知の営みから、マネジメントやイノベーションを構想していったわけですが、学校教育がそういう知識創造とは対極にあるものとして、批判の対象となったことは、よく理解できますね。

ミシェル・フーコーなどの議論ともつながってきますが、学校とは、近代の合理主義、機能性や効率性を体現した空間の典型ではないでしょうか。そういう意味で、ドラッカーの議論は全部つながってきますよね。

21世紀に入ってからも、ネオリベラリズム政策のなかで教育予算が削られ、ますます競争や改革をあおられ、メリットクラティックな圧力が強まり、教育の現場は苛酷さを強いられ続けています。

岩崎夏海さんの『もし高校野球の女子マネージャーがドラッ

ミシェル・フーコー
(Michel Foucault, 1926-84)
フランスの哲学者・思想史家。コレージュ・ド・フランス教授。『狂気の歴史』『言葉と物』『性の歴史』などで、知と権力の結びつきを歴史的に問い、まなざし・言説などの知見が後世に多大な影響を与えた。権力論の新しい古典とされる『監獄の誕生』では、学校・病院等での監視と規律権力の作用を見出した。

カーの『マネジメント』を読んだら』（『もしドラ』）は、学校のなかにあっても別の形で、個々人の内発的な知識活用の形がありうるんだ、ドラッカーのマネジメントは経済企業だけでなく、学校や部のような非営利の組織でも活用できるんだということを、わかりやすくポピュラーに、具体的に示してくれた点で、とても貴重な営みですよね。

エビデンスでは語れない現実の神秘性

井坂 その点、昨今は「エビデンスはあるの?」みたいな、ときに神経症的な話法が耳につくようになりました。何らかの明証性を伴う根拠、できれば、数値で表現された根拠を求めて安心する傾向は、近代合理主義のもたらした癖かもしれません。けれども、エビデンスを求める精神には、さほどのエビデンスがあるように見えないのです。他者に求めているエビデンスから、なぜか当の本人だけ免責されている錯覚をもっているように見える。そもそも何をもってエビデンスとするかについての、共通のエビデンスは存在しないのではないでしょうか。

エビデンス至上主義者があまり気づいていないように思えるのは、「エビデンス自体が、ある特定の過去の時点の説明」ということです。過去についての記述であって、未来については何も語っていないということです。化学物質や、気象などの自然についてであるならばよいかもしれない。けれども、こと人間や社会についてエビデンスが極端に重用されるのは、大いに問題です。過去の一義的説明が未来を縛ることにほかならないからです。まして、教育や知識という事実上の生きて働くものに適用されたらどうなるでしょう。

『もしドラ』は、弱小の高校野球チームが、組織と戦略によって甲子園に行くというストーリーですが、その節々には色鮮やかな意外性があります。意外性と言って悪ければ、予期しえないものに満ちている。実は予期しえないもの、過去の特定時点の一義的定義では説明のつかないもの。これこそが、マネジメントの活力になっているところがあります。

多田さんなどは四六時中目にしていると思いますが、伸びることがまったく期待されていなかった若者が、ある時点からめきめきと成長する。教育における最もドラマティックな局面だと思います。私自身の見たところでも、子供時代将来を嘱望されつつぱっとしなかったり、あるいは誰からも記憶されなかった人が別人のように活躍したりする事例は、確かにあるのです。いや、少なからずあるといっていいと思います。

事前に誰が何になるか。これだけはエビデンスでは語れない神秘性を秘めているのは間違いのないところです。

ドラッカーの書斎の本棚には、ビジネスや経済の書物はほぼなかったのですね。あったのは、歴史、哲学・思想、そして文学書だった。とくにシェークスピアとジェイン・オースティンなどのイギリス文学を好んでいたようです。小説を愛読する理由は、「人間を描いているからだ」と答えています。ある意味では、小説は程度の差はあれ教養主義小説（ビルドゥングス・ロマン、自己形成物語）なのです。人がどう出会いによって変わっていくかを描かない小説など、原理的にありえないからです。

多田　エビデンス、まさに「明証性」ですね。デカルト的な明証性が成り立たないところにこそ、いかに知性を発揮してゆくか。むしろそういう局面でこそ発揮できる知性があるんだというのが、ドラッカーの核心なのだろうと思います。

ここからの話に直結してくるので、学校教育からいったん話題を変えて、次に進んでいきたいと思います。

3節　樹木図と社会生態学

樹木図とは

多田　井坂さんのドラッカー関連の仕事で、最も端的に感銘を受けたのが、この樹木図です。この一本の大樹の絵が、ドラッカーの人生と思想形成、仕事全般をみごとに言い当てていて、衝撃を受けました。しかも、それを樹木で表現していること自体が、まさに社会生態学の考え方を具現化していますよね。そこでまず、初見の読者にもわかるように、社会生態学とはいったい何なのか、具体的にどういうものなのか、あらためて簡単に、ご説明いただいてもよろしいでしょうか。

井坂　そういっていただけるとありがたいです。樹のイメージは上田惇生先生（ドラッカーの代表的訳者）と一緒に考えたものです。思い起こせば、最初の着想は20年前のことになります。ずっと温めてきたものが、ビジュアルになったとき、本当に感慨深いものがありました。

樹で表現したかった最大の点は、「全体として生きている」というものです。部分として生きているのではないのです。根、幹、枝……部分は多様であっても、一つの全体として生命活動を持続させている。人間の身体でも同じだと思います。手、足、頭……すべてが全体に奉仕してはじめて機能することができる。

同じことは会社、病院、大学などの組織にもいえます。

いわゆる「花形」の部署というのはあるわけですね。何をしても注目される。野球でいえばピッチャーみたいな部署です。一方で、地味な部署もある。ふだんは何をしているか見えにくい。けれども、会社の存続に静かに貢献している。いずれも全体として見た時には、等価なのです。誰がえらくて誰がえらくない、というのはない。

とりわけ、樹でいえば、根は深く張れば張るほど、樹の持続的安定に貢献するわけですが、一方でそうなるほどに人の目からは隠されたものになるわけですね。私はしばし

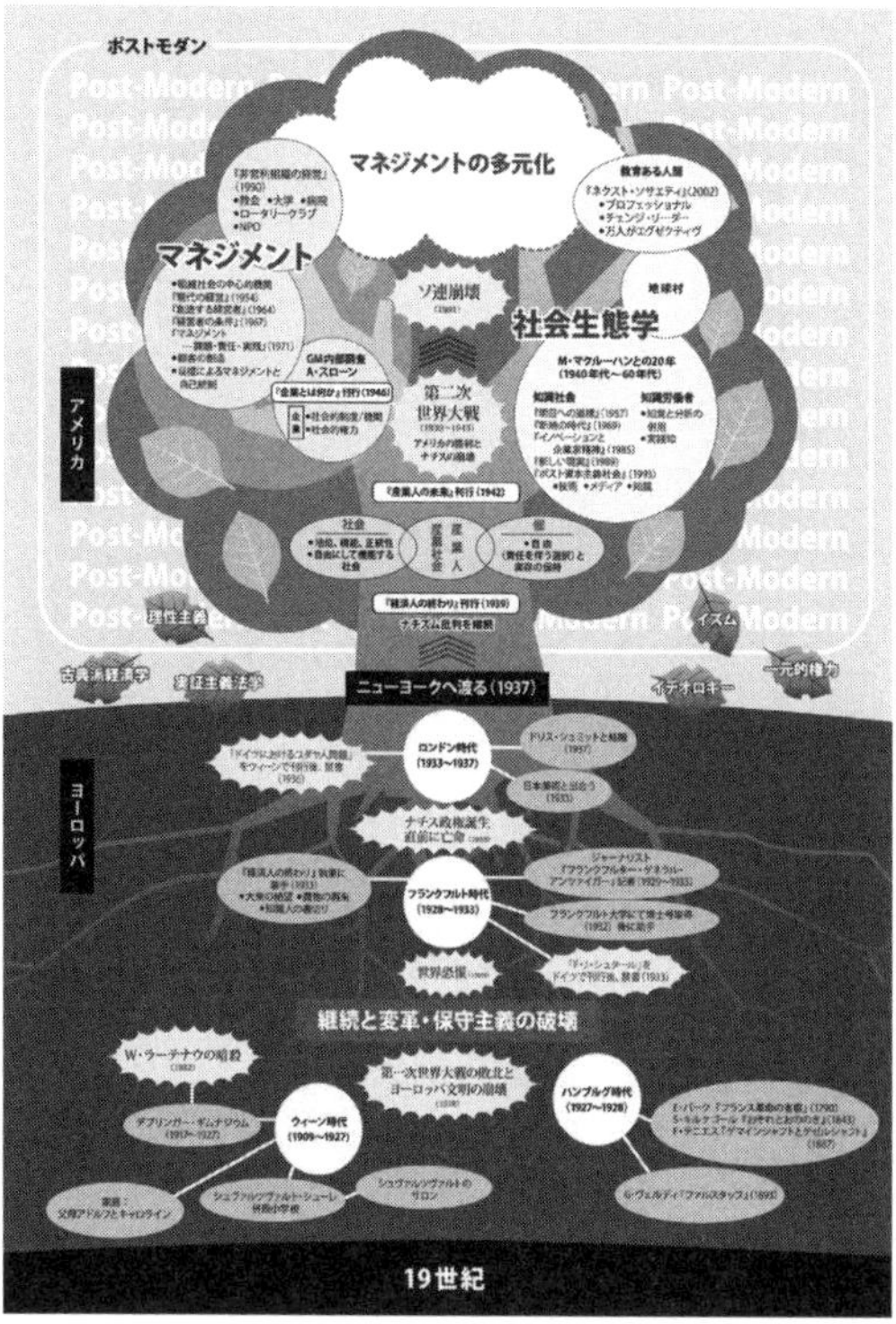

ば立派な大樹を目にして感嘆することがあります。樹齢500年以上の樹などは、どことなく霊気が漂っていて、なんというか、不思議な迫力があるものです。そんなとき、樹を地下で支えている根が迷宮のようにはりめぐらされている様子も、想像したくなります。

誰の人生にも、地下の見えざる世界があるのです。しかも、別に立派な人、有名な人、業績のある人だけではない。どんな人にも、根はあるのです。ただそこに目を向けるだけでいい。それもまた、樹状図を考えるうえで大きな示唆を与えてくれます。

多田　なるほど〜〜。上田先生と、20年前から！　この図自体が、生態をなしてきたわけですね。まさに樹は、直接目には見えない根っこも含めて、全体をなしている。見える結果としての実利、つまり果実だけにとらわれていてはダメで、果実を育む樹全体のゆっくり進む時系列的なプロセスを、包括的にとらえて、理解することが大切なんですね。

井坂　やはり多田さんの研究や創作などもそうだと思います。促成のものはだめなんです。一つの創造的なアイデアが形になるまでには、時間を要するものです。ゆっくり進む時系列的なプロセスへの理解は、生き物を見るときにはなくてはならないものだと思います。

ビジネスもそうで、ぱっとひらめきでできたようなものは、当座は傑作のように感じても、残らないと思いますね。ドラッカーも言っているのですが、華麗なアイデア（Brilliant ideas）によるイノベーションはたいてい失敗するという。また事前に理路整然とスペックが書けてしまうようなものも、うまくいかないといいます。

これなどはある程度長く生きてくるとわかるんですね。つまり現実の世界は、でこぼこ、あるいはごつごつしていて、ありかたもばらばら。すっきりと特定の論理に収まるような単純な構造をしていないということなのです。生き物は現実の現実たる特性を体現しているわけです。

個人的な体験と思想形成

多田　この図のドラッカーに目を向けてみると、目に見える地上の幹や枝葉は、アメリカでの活動や仕事、著作で、直接脚光を浴びた部分ですね。しかしその根っこ、地下にはヨーロッパ時代の若き動乱の日々があり、ナチスや第一次大戦、世界恐慌、ソ連の社会主義の影響などを直接体験しています。しかも彼はユダヤ系の出自でもあり、マージナルな立場から当時の全体主義を、身近で鋭く観察することになった。

そのあたりは、1939年の初の著書『「経済人」の終わり』に、克明に描かれてますよね。のちの経営・マネジメント系をはじめ、中期以降の一連の著作の明るいタッチからは想像できないような、暗黒の時代を生きてますよね。そこが直接には見えずに注目されないけれども、ずっと下地・ベースになって、幹や枝葉の見える活動に、水と養分を送り込んでいたというわけですね。

井坂　そうですね。ヨーロッパ時代はドラッカーの95年の生涯のなかでは27年程度です。それでもほとんど人生の活動すべてを決定づける意味をもっています。ご指摘の「暗黒性」です。文明の破局に伴う初期衝動が、幹より上方を育てていったのだと思います。

このような構図は考えてみれば、誰しもあてはまると思うのですね。とくに20代あたりまでにどのような世界観を養ったかが、その後の当人の現実との対話のあり方を決定づけているのではないでしょうか。対話の内容は変わっても、対話の流儀は変わらないものです。特に挫折や葛藤の経験とか、負の感情など、根の影響力は幹が伸長するほどに、かえって反転したエネルギー源として作用していくもののようです。

多田　なるほど！　私たちもそうですが、たしかに10代〜20代の直接体験や生きた時代というのは、あとあとまで影響し続けるのですよね。幹が伸長するほどに根が作用するというのは、なかなか示唆深いです。

戦争や革命、全体主義で、社会の公共性がズタズタに解体されてしまう悲惨を直接見たからこそ、彼はアメリカで、公的世界を再建してゆく具体策を切に求めた。それが、マネジメントだったわけですね。ヨーロッパでの危機の体験と認識から、社会生態学の見方が育まれ、その視座がまた、実践的マネジメントのベースとなった。この図はまさに、そこを表してますね。

井坂　まったくご指摘の通りです。樹で表現したかったのは、ドラッカーの公的世界構築への企図は、すべて「個人的な体験」に発しているということです。彼が若き日に直接学び取った「生の現実」に由来しているということです。

社会生態・自然生態

多田　先に教育の話をしましたが、そもそも人間の成長というのは、まさにこういう樹木が伸びるように、ゆっくりした時間の流れのなか、ナチュラルに進んでいくものですよね。

学校教育を行う側としては、運営の効率上なんかで、どうしても画一的でマニュアル的なものを、演繹的に押しつけたり、結果として数値的な業績を求めたりする形になってしまう。現場へのそういう圧力は、相変わらず、とても大きいのです。

でも本来は、人間それぞれの内発的な成長をありのままに引き出し、手助けや後押しする、ゆるいぐらいの働きかけでちょうどいいんじゃないかと、思うわけです。

井坂　本当にそうですね。技術進化に幻惑されて、生き物を取り扱っているという素朴な認識が薄れてきているのでしょうか。教育はその最たるもので、成り立ちからして原始的です。人が人を導くのですから、完璧な方法などあるはずがない。常に未知の存在をゆだねられているわけですから、人間の内部で何が進展しているかに耳を傾けないところからは何もはじまらないでしょう。ゆるさ、とりとめなさ。大切ですね。

知識社会が進展するほど、野生の思考というか、原始的な作法がますます意味を持ってくると思います。

多田　樹木の図は、社会生態を、自然生態になぞらえてとらえられるところに、効果があると思います。本書の井坂さんの文章で、「自然生態の世界には、そもそも否定の語法が存在せず、あるのは生きて働いているという現実だけ」という一節に、はっとさせられました。木を見て「この木は、こうあるべきではない」などと言ってもしょうがなくて、そういうものだと受け入れるわけですよね。

ドラッカーの社会生態学では、人間や社会も同じようにとらえるのだと。たしかに人や社会が今あるようになってきたのにも、しかるべき理由があったのであって、その過去の経緯や現状をありのままに理解し、受け入れるところから出発するのが望ましいわけですよね。「否定の語法」、「いけない」「よくない」といった見方や言い回しは、極力避けて、ですね。

まあ親や教師をやっていると、否定の語法を使わずに済ますのは、なかなか難しいのですが（笑）しかし、そうありたいものです。

社会生態において、知識や文化、言葉というのはまさに、自然生態の空気や呼吸に相当するのではないでしょうか。個人であれ組織であれ、各々の皮膚感覚に合った形で出し入れをしています。ちょうど私のこの図のようなものです。

井坂　社会生態学では、基本的に否定語法を脇に置くというのが重視されているように見えます。ただ、一方で科学的な思考の否定のうえに成り立つものではなく、むしろそれと重要な補完関係にあるもののように見えます。

科学そのものは、客観的かつ批判的に対象をとらえるところから、その進歩が可能となったわけで、近代文明は例外なくその恩恵に浴しています。かのマクルーハンの一文を引用すれば、「人を月に運んだのは経験や勘ではなく、科学的知見によってである」ということになります。

ただし、心酔する人がしばしば勘違いするのは、ドラッカーが科学主義への否定の上に社会生態学を築いたかのように、短絡的にとらえたがる点です。そんなはずはありません。ドラッカーだって、20世紀を生きた人である以上、やはりモダンの人なのです。ありのままの観察が意味をもつのは、科学的認識の基礎があってのことであり、それがなかったら「すべて直感で判断せよ」と言っているのと変わらなくなって

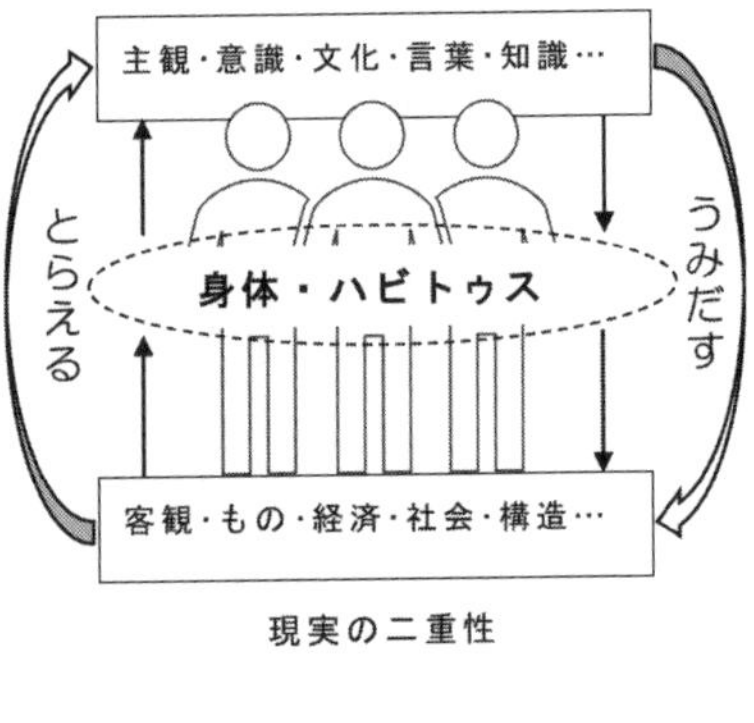

現実の二重性

しまう。ポストモダンやポスト資本主義に見られる危うさも、そこにあるように感じます。

多田さんによる「現実の二重性」の構図は、上記の点も包含して的確にとらえられていると思います。知識や文化、言葉は自然生態の空気や呼吸に相当するとのご見解、ご指摘の通りですね。


多田　その点は重要なポイントですね。私の大学の授業で井坂さんにご登場いただいて、ドラッカーのデカルト批判を紹介したときに、デカルトに思い入れをもって読んでいた学生がいて、戸惑っていた。しかし、「われ思う、ゆえにわれあり」で端的に表明された彼の合理主義の思考は、近代西洋科学の出発点として決定的に重要であり、これを継承したカントなどの影響力も絶大です。

ちょうど、東洋医学などをとり入れた統合医学と同様の話で、近代西洋医学を捨て去っていいというとでなく、補完しあうわけですよね。

20世紀に入ってマイケル・ポランニーが暗黙知の次元を取り上げ、ドラッカーが社会生態学の視座を立ち上げるに至ったのも、旧来の明証知、分析的理性、演繹・還元的な思考だけでは足りず、問題や限界があることが明らかになってきたからですね。

先ほどエビデンスの話がありましたが、正確なエビデンスは、もちろんあるに越したことはない。しかし、エビデンスがあればよいということでもない。間違った前提に基づくエビデンスも少なからずあるし、そもそも人間社会には、エビデンスを見出せないような不透明、不確定な局面や現象が、あまりにも多いんですね。

未来に向けての行動や方針を決める場面は、特にそうでしょう。このあたり、項を改めて取り上げてみたいと思います。

4節　時間論の重要性――未知なるものの体系化

「私たちは何を知らずにいるのか？」

多田　いまたどり着いた議論からしても、時系列的なプロセス、つまり時間という要素はとても大事なんだなあ、と思いました。

すでに井坂さんの本文で、過去と未来の関係をわかりやすく語ってくださっています。図にあった「未来が前、過去は後ろ」でなく、むしろ逆で、未来のことはわからず、過去のことはすでに見えているから「過去が前」なんだ、というお話は、とても啓発的で、目を見開かされました。

そこで、これまたドラッカーの核概念である「未知なるものの体系化」について、少し掘り下げて共有したいので、あらためて簡単にご説明いただけますでしょうか。

井坂　「未知なるものの体系化」は、原文で organizing ignorance、知らないことを意味づけ、組織的に取り扱っていくという考え方です。

無知の知みたいな話だと思うのですが、底流にあるのは、次の問いです。「私たちは何を知っているのか？」、そして「私たちは何を知らずにいるのか？」の二つです。たいてい頭のいい人ほど、前者に力点を置く傾向が強いのですね。人は「知っていること」にはものすごく敏感なのです。しかも、自分の知識を他者の知識よりも無意識に優位に置くバイアスから逃れるのは至難なのですね。

一方、「知らないこと」にはすさまじいまでに鈍感です。結果として、知っていることからすべての世界を説明してしまおうとする。「われ思う、ゆえにわれあり」の極論化、いわば近代合理主義に隷従する思考法です。イデオロギーの国家はおしなべてこの延長にあった。ソ連も、ナチスも、大日本帝国も。

後者は、あえて反対側からスタートします。「あちら側」から観察を始めるのです。「私たちは何を知らずにいるのか？」これはシャーロック・ホームズが、既知からではなく、未知の探索からスタートして、推理していくのと同じ理路だと思います。『白銀号事件』という作品の中で、ホームズは消えた名馬の行方を探索します。調査の末に、盗まれたと思われる時刻に、誰も馬の嘶き声を「聞かなかった」事実を突き止め、やがて調教師が関与している事実に到達するのです。これなどは、未知から割り出す方法です。

ドラッカーは、イノベーションなどでも、顧客のニーズを知らないところからスタートすべきことを指摘しています。この考え方がコンセプトとしてはっきりと書物で示されたのは90年代に入ってからなのですが、手法自体は初期から確立されていたと思います。

多田　なるほど～。従来の主流派経済学にせよ、開発主義政策にせよ、右肩上がりの「成長」や「発展」「進歩」を、確実な未来像として前提してきたわけですね。この未来は、直線的な時間軸の先にあります。キリスト教やマルクス主義がそうであったように、西洋に特徴的な時間像です。

数学のように、可逆的で均質的な時間像をとることで、未来に対して合理的な最適行動をとる「ホモ・エコノミクス」を設定できた。この時間像とともに、単一の中央集権的な理性による計画主義的な社会設計が、成り立ってきたのですね。そこでは、主体の全能性が前提されてきました。

このような時間像や経済学のあり方を痛烈に批判してきたのが、世界システム論で有名なイマニュエル・ウォーラーステインです。彼は、19世紀以来「発展 development」のとらえ方を中心概念としてきた社会科学の「非歴史的な時間」を批判して、不可逆な「生きられた時間」を対置したんですね。ドラッカーの社会生態学と、共通するところが多いのです。

簡単にいうと、未来がわかっているものととらえるか、わかっていないものととらえるか、のちがいですね。

ドラッカーは、未来予測を求められても、予測は不可能だと言い切った。未来は不透明で不確実なものだからこそ、その未知なるものに対していかに働きかけるかが、重要となる。そこで活用されるのが、むしろ過去であり、歴史的なプロセスへの認識なのですね。

イマニュエル・ウォーラーステイン
(Immanuel Wallerstein, 1930-2019)
アメリカの社会学者・歴史学者。ニューヨーク州立大教授。主著『近代世界システム』全4巻が多大な影響力をもつ。19世紀の社会科学成立期の前提を問いなおし、一国・生産中心の歴史観や発展段階論に対置して、国家間関係と変動プロセスを重視する近代世界システムの展開を独自に描写した。

過去に目を向ける

井坂　歴史的なプロセスの重視について、ご指摘の過去が前、未来が後ろの構図を思いついた文献に、ハンナ・アレントの『暗い時代の人々』があります。アレントはわずかにドラッカーより年上ですが、ほぼ同じ時代の人です。同じドイツ語圏で育ち、ユダヤ系だったために故国を追われ、イギリス経由でアメリカに渡ったところまで、あの時代のユダヤ系知識人の典型的な移動経験を共有しています。生涯ナチス体験を内面化し、そこを起点に自説を展開していったところもよく似ていると思います。

アレントは同書の中で、ナチス時代を「暗い時代」と呼ぶのですが、いわゆる時代閉塞のような鬱屈した暗さを言いたかったわけではないのですね。むしろナチス時代は当時残っている記録映画などを観ると誰もが気づくように、男女がいきいきと国家活動に参画する活気に満ちた明るい時代だったのです。日本の帝国主義時代も同様ですが、ナチス時代に自己を解放しえた人々は無数に存在したと想像されます。では、なぜアレントはナチス時代を「暗い時代」と呼んだのでしょうか。

彼女は「現在」を「過去と未来の間の断裂」というふうに別の論文集で書いています（『過去と未来の間』）。ギリシャ時代、人は過去に目を向けて生きて、歴史とともに現在があるという地続きの時間感覚を内面化していました。アレントの指摘を引用しておきます。

「大方の予想に反して、われわれを過去へと押し戻すのは未来である。つねに過去と未来のはざまに生きる人間の観点から見ると、時間は連続体つまり途絶えることなく連続する流れではない。時間は中間すなわち『彼』が立つ地点で裂けている。そして『彼』の立つ地点は、われわれが通常理解しているような現在ではなく、むしろ時間の裂け目である」（H・アレント『過去と未来の間』）

ハンナ・アレント
(Hannah Arendt, 1906-1975)
　ドイツ生まれのユダヤ系思想家、政治哲学者、評論家。ナチス時代のドイツからイギリスを経てアメリカに亡命する。全体主義国家の思想史的解明や現代社会の精神的危機について鋭い言論活動を行った。代表的著作に『全体主義の起源』『人間の条件』『イェルサレムのアイヒマン』などがある。

一方でナチス時代は、あらゆる過去を廃棄し、歴史の中でぽっかりと現在が遊離したような、過激な未来志向が横行するようになります。それは過去の否定の上にある、虚無の時代でした。歴史を否定するとは、人間を否定するのと同じです。結果として、「歴史が人々に語りかけることをやめてしまった」とアレントは考えたのでした。

同時代人ドラッカーが、アメリカまで生き延びて、アレントと同様の感慨を抱いたのはごく自然だったようにも感じられます。『断絶の時代』の着想もその点にあるのではないでしょうか。

多田　ほう、なるほど。アレントは、ドラッカーとはだいぶちがうタイプの思想家と思っていましたが、そういうところでつながってくるんですね。過去・歴史への思い入れの深さはともに、特有の時代経験からきているのかもしれないですね。

ただしドラッカーの場合、過去と未来のつなぎ目に、実践的マネジメントやイノベーションをもってきたところが、他の思想家や知識人とも一線を画した点、ではあったのではないでしょうか。過去の認識を認識のままで終わらせず、現在の行動に転換して、新しい実践的領野を切りひらいてみせた。認識と行動を結びつけて、独自の結果を出してゆくことが、彼の実践哲学そのものであり、たぐいまれなパワフルさの表れだったかと。そのことがまた、多くの人に活力を与えてくれるのですよね。マネジメントやイノベーションこそが、すでに確定した過去への理解を、不確実な未来に向けて投じていくための、方法的な企てなのですね。

井坂　本当にその通りだと思います。一般的に思想家というと、高尚なイメージ、世俗離れした印象があるように感じます。いわゆる「書斎の哲学者」です。

ドラッカーの場合は、こういうと語弊があるのですが、「高尚な思想」がないのですね。正確には高尚ぶった思想がないのです。思想と実践を同時的に培ってきたこともあり、単独の思想を突き詰めることに本人もあまり関心がなかった。むしろマネジメントやイノベーションなどはきわめて俗っぽくて、強烈なビジネス臭がします。彼が身を置いたのは多くの場合、「street」だったのですね。日本人が好む言い方を用いると「現場」です。彼は自身の思考枠組みを現場というハンマーで鍛えていった、そんな人だと思います。

まさにご指摘の、「すでに確定した過去への理解を、不確実な未来に向けて投じていく」のは、高度に実践的でありながら、深い思想的叡智の裏付けを表現してもいます。ドラッカーの場合は読者の多くは実践家でしたから、彼らに理解可能な語彙を選択的に使用したし、彼らの最も知りたいことを書く必要がありました。結果として、「何を」よりも「いかにして」に力を傾注したのだと思います。

いま述べたことも、彼の時間についての理解に由来しているのは間違いのないところです。原点となる時代との対話から見ていくと、なかなかどうして、立派な思想的枠組みをもっています。

全体と部分の関係

多田　いやあ、本当に。思想的枠組みは、実にしっかりしていると思います。でも彼は、思想を思想として語るだけでは飽き足りず、行動につなげていくことを、自らの著作や仕事のなかで示していく。

それ自体、とても reflective、反省的な営みであり、（形はちがうにせよ）社会学者ブルデューとも通じるところが大きいと思ってます。

ところで、井坂さんの文章で、「この世界には何らかの目的律が存在するという、ある種の楽観主義」が、ドラッカーにはみられるという一節がありました。これは、どういうものなのでしょう?

井坂　ご指摘の点はとてもむずかしいところです。ドラッカー自身が目的律についてはっきりと語っているのは、１９５９年の『明日への道標』(訳書名『変貌する産業社会』)のみだと思います。同書は「ポストモダンの世界からの報告」という副題が付されており、近代合理主義以後の世界観について述べたものです。

彼によるポストモダン論の焦点はしばしば、全体と部分との関係で語られています。よく言われる「全体は部分の集積ではない」という命題です。こと生き物について言えば、この命題は実感として真実ではないかと思います。石やパンは分割しても石やパンのままですが、赤ん坊や猫は分割すると生命が損なわれ、ただの肉片と化してしまう。

ドラッカーはこの考えをあらゆる存在に適用して、「すべてを生命と見る」というところまで主張しています。森羅万象、人工物も含めてあらゆるものが生きていると見るべきだというのです。ここまでくると社会生態学の萌芽が見て取れると思うのですが、会社も、病院も、大学も、教会も、国家も生命であり生き物と見る考え方です。究極的にはこの世界全体も、生命体の働きをその内に蔵していることになります。

もちろん生命体とは、ある種のメタファーです。けれども、切実なメタファーだと思います。というのも、生命体として見るということは、それぞれが固有かつ自律的な継続と発展の可能性を内に秘めており、そこへの尊重と敬意なしには成り立たないからです。カントの「人を手段としてではなく目的と見よ」という目的律についての命題は、森羅万象に適用されるということです。

現実に、それぞれの生命体は、固有の発展の原型をその内部に持っています。ちょうど樹が、自分自身を展開していく原型を自己の内部にもっているように、あらゆる存在が自分自身を固有に展開していく原型を内部に持っています。できるのは、それらを邪魔することなく、それぞれのリズムとパターンを尊重しながら引き出していくことだというマネジメントの原則は、ここから確認できます。すでにすべてが目的を内にもっているのですから、何の心配もいらないわけです。一時の攪乱や変化はあったとしても、いずれは「なるようになるし、落ち着くべきところに落ち着く」。これが楽観すべき理由かと思うのですが、いかがでしょうか。

多田　なるほど、そういう含みがあったんですね。大事なところが明確になりましたので、質問してよかったです。ありがとうございます。

社会を生命体とのアナロジー、メタファーでとらえるというのは、実は社会学も草創期、そうするところから立ち上がった経緯があるのですよ。マックス・ウェーバーと並ぶ社会学の確立者、エミール・デュルケームは、社会は単なる個人の寄せ集めではない、全体は部分の総和ではなく、一種独特の存在として、「社会」なるものを考えたのでした。

いろいろ詳しく教えてもらえて、かなり理解が進んだ気がします。またのちほど章を改めて、残る話題に入っていきたいと思います。

エミール・デュルケーム
(Emile Durkheim, 1858-1917)

フランスの社会学者。パリ大学教授。『社会分業論』『社会学的方法の規準』『自殺論』『宗教生活の基本形態』で、科学としての社会学の基盤を確立した。社会学の対象として社会的事実を見出し、道徳や宗教のような集合表象も社会に根をもつとして、「社会的事実を物のように扱うこと」を提唱した。

5章　知識社会のプラクティス

井坂康志

1節　ネクスト・ソサエティ

新しい知識社会

知識社会に関して、最晩年までドラッカーには言いたいことがたくさんありました。

彼は定期的にレポートを世界に発信しています。1章で取り上げた1969年の『断絶の時代』以降も、89年の『新しい現実』、93年の『ポスト資本主義社会』まで、人間社会と知識について語り続けました。

事実上の最後の著作は、亡くなる3年前の2002年に刊行された『ネクスト・ソサエティ』です。本書は次なる文明の中心は経済ではなく、社会であると述べています。コロナ以降を考えるにあたっても有用な視点を多く得られる一冊です。

ネット社会になってから、知識の適用の機会は幾何級数的に多様になっています。都会ばかりではなく地方でも、農業などがネットで新しいプラットフォームをつくって販路を見出したりしている例はたくさんあります。地方の酒蔵などでは、やはりネットによる情報交換で品質が向上しているという話も聞きました。もちろん旅行や流通などはネットによって様変わりしました。このように、場所に関わりなく適用されて有効性が高まっている知識はたくさんあります。

そのほか、知識の動力源である学びも、大きく変化しつつあります。新型コロナ蔓延以降、オンラインを使ってたくさんの講座やセミナーが開かれています。無料のものも多くあります。私自身も、しばらく前に書いた本をテキストに無料の連続講座を行ったところ、のべで１３００人ほども参加してくれました。

おそらく、知識を適用することで生産性の劇的向上を見る仕事は、数え上げたらきりがないと思います。社会の側でも知識を使って働く人たちを受け入れるだけのキャパシティはあります。そうであるならば、もっと個人主導で知識を解き放って、自由に学びながら働ける社会になっていくと、ネクスト・ソサエティはより自由で機能する社会になっていくとドラッカーは考えていたと思います。

しかし、戦後日本がたゆみなく培ってきた、政治、法律、行政、市場、教育、メディア等の伝統的組織制度やそれに伴う硬直的な思考システムは、個を中心とするコロナ後の知識社会との関係では、抵抗要因として残り続ける可能性があるでしょう。

もちろん私は旧来のシステムに、文句ばかりを言いたいわけではありません。そのようなシステムが現実に機能してきたのは、しかるべき必然性があったためです。いわば背に腹は代えられない事情があったわけです。

日本には天然資源が少なく、知的な資源を画一的に適用するしか生産性を上げる方法がなかったというのは、十分に理解できます。同時に、個よりも、経済社会を優先させる支配的なシステムが国民的合意のもとに選択されていったのも、「衣食足りて礼節を知る」ともいうように、精神の豊かさの前にまずは物質的豊かさを確保する必要があった事情は無視できません。

しかし、戦後形成されたメガトレンドは大きく変化し、資源の力点が根本的に変化しています。一言でいえば、価値の「知識化」「非物質化」です。私自身はメディア産業で長く活動してきましたので、この変化がいかに根本的であるか、身に沁みて感じています。集団的に規模が追求される時代から、個の価値が多様に展開される時代へ。誰もがスマホというほぼ無限の脳をもち、世界中の人々と非物質的生活を共有しています。ある面からすれば、スマホは、個の表現の場であるとともに、新しい学校、ついには新しい職場にさえなっています。

とりわけコロナ後のトレンド形成動因として、政治経済社会における最大のインフルエンサーは、政治家でも、経済界でも新聞・テレビでもなく、多様な個になってきています。かくも根本的でありながら、非暴力的なかたちで行われた革命は、歴史上存在しなかったのではないでしょうか。

小さなコミュニティ

ドラッカーがマネジメントで想定していたのは、大企業のみでなかったのは、上記のトレンドを彼が鋭敏にキャッチしていた一つの証左でもあります。1980年以降、彼は非営利組織のコンサルティングも多く手掛けていました。教会、学校、行政機関、病院、ＮＰＯなどの相談に乗っていました。多くは無償でした。なかには、救世軍や全米ガールスカウト協会から、スポーツチームや美術館まで幅広く含まれていました。

非営利組織は会社と違って、コミュニティが主体です。誰もが平等です。ドラッカーは、そのような小さなコミュニティのためにも手間暇をかけていたのです。

理由は、世の中の決定要因が経済や政治、軍ではなく、「社会」に戻ってきたためです。その変化を彼は「ネクスト・ソサエティ」と呼んだのでした。

アセスメントよりモニタリング

ネクスト・ソサエティは、少し逆説的ながら、社会の必要に対して知識が常に過剰な社会でもあります。知識は豊富にある。そのほうが、多様な社会の課題を解決できますから、歓迎すべきことです。

ドラッカーが技術について語っていたことにも、その知識観はよく表れています。私たちは、ある技術が社会においてどのような有用性を得るかを、事前に知ることはできないというものです。

将来を有望視された技術が、後になって社会を根底から損なってしまうかもしれません。逆もまたしかりです。いずれにしても、特定の技術の価値や有用性を人が熟知しているとの前提で臨むことは、間違いだというのです。

彼はこのことを、アセスメントの否定と表現しています。一つの技術が未来においてどうなるかなど誰も知らない事情からして、アセス（予測）などできるはずがないためです。

では何を行うべきなのでしょうか。

モニタリングであると言います。変化を注視することだというのです。技術のみならず、知識全般についての有効な姿勢と考えました。変化は事前に考量不能だからです。

私自身の経験に照らして、一つ思い当たることがあります。後から振り返って自分を成長させてくれた仕事についてです。たいていは不承々々取り組んだことでした。少なくとも積極的に関与したいと思わなかったものでした。しかし、いやいやでも取り組んでいるうちに、次第に意味が分かってくる。つまりモニタリングを行うほどに、意味の解像度が上がってくるのです。事後的に意味性が明晰に立ち上がってくるわけです。

ドラッカーがマネジメントの研究に着手した時、当初企業経営にさほどの関心はなかったといいます。関心の中心は社会にあったのですが、アメリカという世界意識の先端を形成する社会の中心にはどうも企業があるらしいと思い、人に聞いたりすでに刊行された書籍を調べたりしたところ、思うような文献を見出せなかったというのです。誰もやる人がいないなら自分がやろうと思って着手していったのが、マネジメント研究の原点であったと述べています。彼は偶然を、自身の知識の深耕に巧みに利用したのです。

身近な例に引きつければ、旅のあり方ととても似ているでしょう。青年の成長がしばしば旅にたとえられるのは、ゆえなきことではない。私はこの数年定期的にポーランドのワルシャワに足を運んできたのですが、ワルシャワとの出会いも、同様の経路によるものでした。クラクフとアウシュヴィッツ収容所跡を見学した翌日、鉄道でベルリンに向かう途中、一泊するだけのつもりでワルシャワに寄ったのがはじまりです。翌日早朝の鉄道でベルリンに向かおうと思っていたところ、切符が売り切れていて、午後3時まで特急がなく、あてもなくワルシャワの早朝の街をぶらぶらしていました。たまたま目に入った近代的な美術館のような建物に入ったら、そこがポーランド・ユダヤ人博物館だったのです。その展示のあまりの精密さ、美しさ、壮絶さから、ワルシャワのとりこになってしまいました。

もしワルシャワに一泊していなかったら、たぶんポーランドの歴史や文化にも関心は持っていなかったと思います。誰の旅にも程度の差はあれ、同じようなことがあるでしょう。事前に描いていた計画から大きくはみ出して、ご縁に導かれて知見が広がっていく感覚です。

学びもよく似ていると思います。私は２０１３年に半ば冗談で、渋澤ドラッカー研究会という名の学びの場を数名でつくりました。最初の会合で、研究会は続けるのが面倒なので、一回きりの開催としたい旨を伝えたのを覚えていますが、不思議なことに現在でも続いています。むしろＳＮＳやオンラインなどと肌合いが良かったようで、８００名以上がかかわってくれています。とりわけ２０２０年のコロナの中では、そのつながりからオンライン講座や研究会が、30以上も自然発生的にもたれました。基本的には好きな時に、好きなことをしてくれてかまわないという自由な場です。お金もかかりません。ご縁だけで成り立っているコミュニティです。普通のビジネスパーソンから自営のコンサルタント、医師、会計士などさまざまな背景を持つ人たちが集まっています。めぐりあわせとは恐ろしいものです。

アマチュアからスタートする

ドラッカーの知識論を見ていると、ある種のアマチュアリズムに伴う学びの本質のようなものが表れているると感じさせられるところがあります。というのも、何かを学び始めるときは、例外なく誰もがアマチュアだからです。未知の状態からスタートするわけですから、未来がどうなるかなどわかるはずがありません。

アマチュアのいいところは、とらわれなく自由に世の中を見られる点でしょう。ユダヤ教の古い格言に「自分の舌に『知らない』の一文を一生懸命教えなさい」というものがあります。

E・W・サイードはアマチュアであることを知識人の要件とさえ考え、「知識人が相対的な独立を維持するには、専門家ではなくアマチュアの姿勢に徹することが、なにより有効である」と述べています（E・W・サイード『知識人とは何か』）。

世の多くのものは、丹念に見ればどこかしら利用可能な点をもっているものです。「知らないこと」も例外ではなく、無知さえ利用することは可能なのです。

私は大学を卒業して社会人になってから、とにかく自分に何もないので、ひたすらお手本になる人はいないか探し回っていました。20年後30年後こうなりたいという人に出会いたいと思っていました。幸いなことに、「この人についていきたい」と思える人たちをすぐに見つけることができました。多くは会社の外の世界で見つけられました。その一人がドラッカーであったわけです。碩学であったにもかかわらず、「偉大な素人」と私には感じられました。いわば個別分野の専門家というよりは、全体知の専門家だったのです。しかも彼は素人であることを恥とはしませんでした。かえって自身の素人性を知的開発に貪欲に利用していたのです。「創造的無学」とさえいってよいものでした。

それを象徴するのが、社会生態学です。

社会生態学とは、ドラッカーが自分で作った知的アプローチです。あらゆるものを生命として見ることを本懐とする社会生態学者ドラッカーは、一素人として自分の環境をよく観察することをすすめます。そうすることによって、変化に気づくことができるようになるというのです。変化に気づくとは、言い換えれば、変化を利用する起点に立つということです。

ドラッカー自身が社会生態学を自ら実践する中で、マネジメントの知的鉱脈に到達しています。彼は１９４６年にはじめて企業についての著作を公刊しています。当時、誰もが同じ現実を見ていたにもかかわらず、企業の持つ意味に気づかずに通り過ぎる人たちのほうが圧倒的に多かったのです。ドラッカーは自身の目に見える企業像に徹底的なこだわりを見せ、やがてマネジメントという巨大な知的鉱脈の発見にいたるのです。

先ほどの、自分にとって解像度高く見えている視覚レベルの問題でもあります。よく見えているわけですから、ほとんど自動的に学んでいくことになります。自分に理解できること、関心のあることを優先的に学んでいくと、結果的に自由に知的領域を渉猟することになります。学びの回路が勢いよく回り始めるのです。

リベラル・アーツ

社会生態学者としてのドラッカーの特徴は、自身が学んだものの玄関口だけつくると、誰か後からやってきた別の人が本館や別館を建てるのを歓迎していた点にあります。彼はどんなときも、後進を気にかけ応援していた人でもあったのです。

その意味では、彼は世から受け取った知見を他の人びとへ、時に書物を通じて世界にパス回ししていた人でもあります。パスを出すドラッカーの最大の望みは、受け取った人がさらにいいパスを回してくれることにあります。それなどは、ドラッカーの人への対し方や、文章の書き方にも表れています。

彼は社会生態学者の使命とは、むずかしいことをいかにわかりやすく伝えるかにあると述べています。これなどは、他方で知識のもつ本質である、他者と関係を結びながら成果を上げていく中で構築される特性を、よく表しています。

なぜなら、知識とは、自分が単独でもっているだけではほとんど役に立たないからです。他者との共同性の中でしか、知識は成果をあげることができません。その意味では、知識とは共同的な土壌に根を下ろしながら、新しい環境を創造していくものです。歴史や文化、総じてリベラル・アーツといわれる土壌から滋養を吸い上げながら、日々変化する環境に同期していく感覚です。その意味では、知識社会とは、アクチュアルな現実と、歴史文化という、横糸と縦糸の編み合わされたタペストリーのような社会です。

ドラッカーはしばしば、知識による組織の代表例をオーケストラに求めました。オーケストラは多くの器楽の同期と共振によって、単独の器楽演奏の幾層倍もの音楽的可能性を提示しています。同じことはスポーツなどにも言えることで、呼吸が合い、リズムが合うことで、高度の響き合いが生じます。

オーケストラは、音楽演奏における一つの知的な共同身体でもあります。自分の演奏が聞こえているとともに、他者の演奏が聞こえているわけです。指揮者の思念が指揮棒を通して全員に伝わります。そのスケールの大きさは、二度と同じものはなく、まさに一期一会です。そのときの観客や会場の雰囲気などに応じても、自在に変わっていきます。

オーケストラの比喩は、時代の知識を主資源とする組織に対して、大きな示唆を与えてくれます。

知識と社会

社会生態学者にとっての武器、それは言葉であるとドラッカーは述べています。

彼はナチスによる支配直前のドイツで、言葉への破壊に驚き困惑し、ドイツを去ることを決めています。象徴的な事件は自著の「焚書」です。ドラッカーはドイツ時代に19世紀の法哲学者F・シュタールを題材として著作を公刊し、間もなく同書はナチスによって焚書されています。

フランクフルト大学の員外講師時代にはもっと露骨な嫌がらせを受けていました。ナチスのコミッサールは、フランクフルト大学教員に対し、聞いたことのない罵詈雑言とともに、即座の解雇と期限内の国外退去を通告しました。知識ある者への敬意などみじんも感じられないものでした。彼は「言葉の虐殺」に、深く失望したのです。

社会生態学者にとって、言葉は魂です。言葉を通して、観察した結果を社会に受肉させることができます。ドラッカーは、自らの観察の結果から導かれた省察を、新しい言葉を編み、創造して語っていった人です。「知識社会」「断絶」「目標管理」「ポストモダン」など、世にしみとおる言葉で語った人でした。言葉が社会生態学者の武器であるゆえんです。

実は社会生態学は、日本人にとってはなじみのものです。ドラッカーは、日本美術のコレクターでもあり、論文や評論も実に多く執筆しています。美術を通して日本の歴史、明治維新や渋沢栄一などを知り、日本人は知覚に優れていると評価しています。

知覚の優位は、現在ではアニメやネット、ゲームなどの世界で現代に生き延びています。そこには日本人の知覚力のすさまじいエネルギーが流れ込んでいます。

現在、知識は旧来のインテリの専有物ではありません。ごくささやかな人々、中小企業の経営者やビジネスパーソン、クリエイター、デザイナー、非営利組織の関係者など技能をもった人たちの力をどのように卓越した成果に向けてまとめ上げていくかが、21世紀のマネジメントにおける最も重要な課題です。それらは私たちの生活そのものになりつつあります。

次節では、新しいマネジメントの課題を探るうえでの視点について述べたいと思います。

2節　外の世界を見ること

顧客は誰か

ドラッカーの考え方では、大切なのは競争ではありません。自らの力を適切に展開し、実現し、成就していくことです。それを組織的かつ体系的に可能とするのが、マネジメントと呼ばれる知識です。マネジメントは一般に、組織を通して最大の成果を生むための方法と考えられています。しかし、それだけでは単なるコンセプト、すなわち「紙上の説明」に過ぎません。では、具体的な成果を促し、自らを実現、成就していくには何を考えるべきなのでしょうか。

キーワードは「顧客」にあります。

ドラッカーが『現代の経営』で、事業の本質を**顧客の創造**としたのは、まさにそこです。顧客と一口に言っても、消費者だけを意味するのではありません。組織の内外かかわりなく、事業によって影響を受ける人々を総称して顧客と呼びます。

この顧客を鍵概念として、ドラッカーは7つの領域、あるいは8つの領域で目標を設定せよといいます。複数の領域で目標を設定し、相互のバランスをはかりながら同時的かつ全体的に追求していく考え方が、後にR・キャプランとD・ノートンの二人が体系化したバランススコアカードのコンセプトとなりました。現在、幅広い観点を伴う業績評価手法としてのバランススコアカードを導入する企業は少なくありません。源流はドラッカーの『現代の経営』に示されたマネジメントスコアカードにあります。ドラッカーはこの手法をコンサルティングなどで個人的に活用していたことを、後に明らかにしています。

組織は一本の樹

ここで、マネジメントにおける視点を確認することにしましょう。

「マネジメントの樹」と呼ばれる概念図です。

樹は、すべて異なる葉や枝、幹などの組み合わせです。そのなかで、豊かな果実が、枝がしなるほど実るのが理想です。そのためには、幹、根を丹精込めて健康に育てなければなりません。

全体を一つの組織に見立てれば、一つひとつの葉が、誰かの日常の仕事になっています。根から汲み上げられたエネルギーは、葉のすみずみまで行きわたらなければなりません。どんなに大きな樹でも、

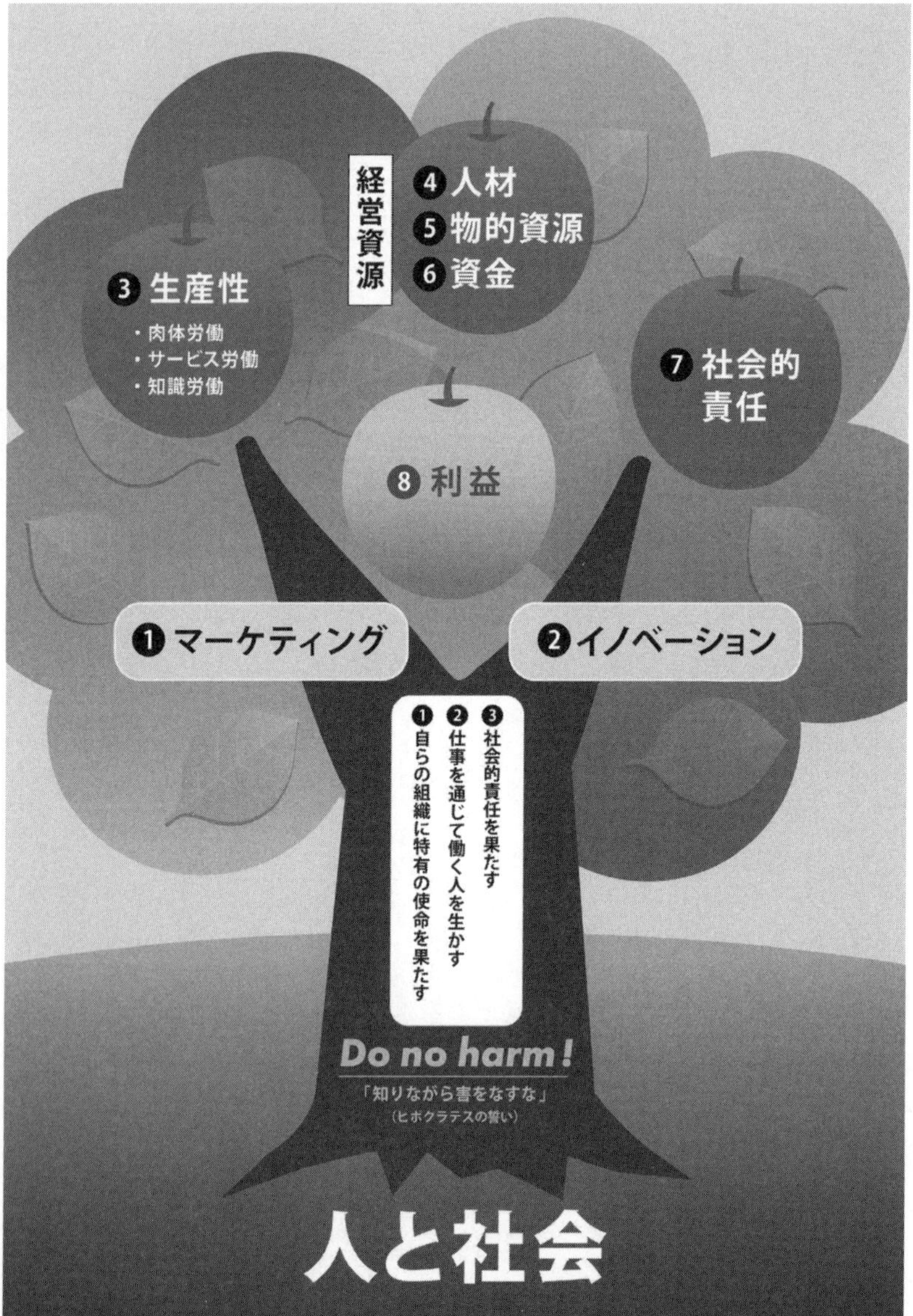
経営資源
❹人材
❺物的資源
❻資金
❸生産性
・肉体労働
・サービス労働
・知識労働
❼社会的責任
❽利益
❶マーケティング
❷イノベーション
❶自らの組織に特有の使命を果たす
❷仕事を通じて働く人を生かす
❸社会的責任を果たす
Do no harm!

「知りながら害をなすな」

（ヒポクラテスの誓い）

人と社会

一つひとつの葉が病気になれば、いつかは樹全体が枯れてしまうでしょう。

根は人と社会です。目に見えません。見えないからこそ、しっかりと考えをめぐらせなければなりません。どんな水や土壌によって養われているのでしょうか。

8つの目標

ドラッカーが終始強調してやまなかったのは、「成果を見据えよ」でした。成果とは、「何を実現したいのか、実現すべきか」、すなわち「何（what）」にかかわるものです。

言い換えれば、自社に対して、何を得たいと期待しているかを事前に書きとめて、言葉にしておかなければならないというのです。

このような自らに期待する成果を「目標」（objectives）といいます。原語の objectives の語源は、「対象を見定めて、そこに向けて投げる」という意味です。ちょうどキャッチャーの構えるミットをめがけて投球するようにです。

重要な考え方だと思います。ミットをめがけてボールを投げて初めて、ゲームが始まるのです。目標こそが現実だということです。反対に言えば、どんなによくできていたとしても、目標に落とし込まれていないものは幻か夢だということになります。

マネジメントを実践するときには、必ず目標を考え、行動することになります。

企業を一本の樹にたとえるなら、目標は大枝や小枝、実などにあたるでしょう。

目標は単一ではなく、複数のものとしなければなりません。一本しか枝のない樹は弱いからです。

複数の目標とはどのようなものでしょうか。企業の存続がかかっているあらゆる分野で、目標が必要となるということです。ドラッカーのマネジメントでは、目標は8つあげられています。

① マーケティング
② イノベーション
③ 生産性
④ 人材
⑤ 物的資源
⑥ 資金
⑦ 社会的責任
⑧ 利益

まず大枝と言えるのは、①マーケティングと②イノベーションです。

事業はマーケティング抜きでは考えられません。ドラッカーの言うマーケティングとは、販売活動ではなく、売り込みでもありません。『マネジメント』に、「マーケティング」と「販売活動（selling）」の違いは何かとの問いが出てきます。

販売活動とは、自分たちの売りたいものからスタートします。すなわち、起点が自分たちです。対して、マーケティングは、「顧客は何を求めているか」からスタートします。

スタート地点が、売りたいものからスタートするか、顧客の求めているものからスタートするかによって、致命的な違いが出てきます。

顧客からスタートするならば、顧客に合わせて企業は成長し続けなければなりません。顧客は変化していくわけですから、企業もまた変化していかなければならない。かくして「どう変化していくか」、イノベーションの目標が大切になってくるわけです。

マーケティングとイノベーションが、事業を構築していくうえでの大きな枝ということになります。マーケティングとイノベーションは、人と社会から導かれているはずです。この二本の大枝をうまく育てられるかで、企業の成長は決まってきます。さらに、二つの大枝、マーケティングの目標とイノベーションの目標を実現しようとするならば、人、物、金が必要になります。

人、物、金

次に、経営資源が適切に用いられているかどうかを考えます。

経営資源が生産的に利用されているかどうかです。生産性の目標が必要になってきます。

一人あたり、時間あたり、資金についてなど、いろいろな観点からの生産性があります。経営資源が生産的に使われているかについての指標がなくてはなりません。

人、物、金の経営資源をどのように調達して、どう用いて、どう開発していくのでしょうか。

必要な人材は、どのような力をもつべきか。人材をどこからどのようにして採用すればよいのか。どのように強みを生かして働いてもらえるようにするか。その人たちにどのように能力を開発して、成長してもらえるようにするか。それぞれについて目標が必要となります。

物と金も同様です。どう調達し、どう用いて、どう開発していくか。いずれも目標は必須です。

私の知人で会社を経営している人が、これらすべてについて目標を立てようとしたところ、ゆうに半年から1年かかったと言っていました。業績のいい会社は、目標の立案は成果に直結する一つの偉大な仕事だと知っているのです。

社会的責任

ＣＳＲ（企業の社会的責任）などと言われますが、それより数十年も前に出た『現代の経営』（１９５４）で、そもそも企業は自らの社会に責任を負うと指摘されています。

社会的責任においてまず考えられるべきは、社会を害さないということです。悪さをしないということです。たとえば、工場を建設して多くの地元の方々を雇用できたのに、周辺に朝夕の通勤に伴う大渋滞を起こしてしまったり、有害物質で近隣の川を汚染してしまったり、悪臭や騒音などといったことは起こりうることです。なおさら社会に与えるインパクトは最小、できればゼロにしなければなりません。

社会的責任について、古代ギリシャの医師ヒポクラテスの職業倫理の誓文を用いてドラッカーは説明しています。「ヒポクラテスの誓い」というもので、古今を通して医師のモラルの最高の指針とされています。ヒポクラテスの誓いは、古代ギリシャの神々への宣誓文という形式をとっており、医療関係者の倫理や責任について書かれています。現在にいたるまで生きて働いています。「私は能力と判断の限り、患者に利すると思う治療法を選択し、害と知る方法を決して選択しない」と書かれています。誓いには、医療行為によって患者を傷つけてはならない、患者に伴う情報を人に漏らしてはならない、身分や貧富によって診察を拒んではならないし、診察内容を変えてはならないなど、現代でも十分に通じる考えが表現されています。

特筆に値するのは、「知りながら害をなすな」Ｄｏ　Ｎｏ　Ｈａｒｍ、英語ではたった三ワードでした。よいことをする前に、とにかく害さないということです。治療を求めて来院した患者を、来た時よりも悪い状態で帰すなど、医療者の責任としてあってはならないことです。

現代では、どんな職業でもＤｏ　Ｎｏ　Ｈａｒｍの妥当する場面に事欠きません。ネットでフェイクニュースを流したり、問題があるとわかっている保険を売ってしまったりなど、知識社会が高度化するほどに、プロとしての個人の責任はヒポクラテス的には重くなっていくわけです。

その観点から、社会的責任についての目標が必要になってきます。

利益をどう考えるか

最後に利益です。利益は、樹全体を健康に育てることができた結果として、実るものです。ドラッカーが利益を最後にあげるのはそのためです。

利益の目標を考えるときに、よくあるのが、「前年比10％アップ」などの目標です。はたしてそれがよいことなのでしょうか。あるいは、達成できたからといって喜べるのでしょうか。

利益の位置づけをどうとらえるかによって変わってきます。

利益とは、将来イノベーションを起こし、マーケティングを展開していくにあたって必要となる資金です。その意味では、**未来におけるコスト**です。

ならば、事業のビジョンによって、利益目標が決まってくるはずです。かりに前年比10％アップとしても、将来必要になるイノベーションのためのコストが20％以上なのであれば、不足していることになるでしょう。

利益目標とは、将来の事業をどうしたいか、どれくらいの資金が必要になるかから逆算されたものでなければ、意味がないということです。

そのために、「必要利益」という言い方をドラッカーはしています。8つの目標それぞれに考え、設定する必要があります。

目標間のバランスをとる

8つの目標を設定するときに考えなければならないのは、目標間のバランスです。

第一に、利益と収益力、利益と目標をバランスさせることです。いくら努力をしたとしても、それだけの利益が現実的に出せないのならば、変えるべきは目標のほうです。

第二が、短期的な将来からの目標と、長期的な将来からの目標との間をバランスさせなければなりません。

たとえば、今現在必要な投資と、長期的な未来において必要な投資と、どちらに力を入れるのでしょうか。思い切った事業展開のために、大きな投資をしなければならないこともあります。それによって生産性を向上させる方に投資をするのか、長い目で見て必要になる人材の育成に投資をするのか。

現在と将来の間のバランスを考えることが必要になってくるわけです。

第三は、目標の相互間でのバランスです。部門ごとの目標もあります。マーケティングに力を入れるのか、イノベーションに力を入れるのか、ブランディングに力を入れるのかなど、現在ある目標の間でバランスさせる必要があります。

集中についての決定

ただし、8つの目標を検討する前に、決定しておくべき2つのポイントがあります。目標の前提となるものです。

一つは集中についての決定です。


何に集中するのかについての決定です。

ドラッカーの『現代の経営』に登場する事例があります。イギリスの小売店マークス&スペンサーについてのもので、同社の戦略計画は、「世の中の階級社会をなくすことである」という革命的なものでした。

階級をなくすとは、どのようなことでしょうか。

イギリスは階級社会なので、上の階級の人たちは下の階級の人たちをさげすむ風潮がありました。その観点からどのような事業を行うのか、何に集中するのかを考えていくことになりました。

階級社会は、所属する階級で服装が違います。富裕な階級の人たちは立派な服を着るし、そうでもない階級の人たちは質素な服を着ています。服装を見るだけで階級が識別できるわけです。

品質の高い服を安く提供すれば、見た目では階級がわからなくなると考え、マークス&スペンサーは衣料品に集中します。品質の高い服を、庶民でも買える価格で提供しようと考えました。そうすることで、服装だけで階級が判断できない世の中をつくろうとしたわけです。

イギリスで服飾デザイナーをしている知人から聞いたことがあります。現在イギリスでは、もはや服装だけで所属階級はわからなくなったといいます。

マークス&スペンサーの革命は成功したのです。

ミッションや計画だけでは具体的な行動の方針がなかなか見えづらいときは、集中するものを決めるとよいということです。

顧客は外にいる

顧客は誰かを決めるものは、顧客自身です。**顧客にとっての価値、欲求、現実**が、事業の何たるかを決めるのです。

それでは、顧客を知るための方法は何でしょうか。外へ出て、見て、聞くことです。**重要な情報は組織の内部ではなく、外部にある**からです。

顧客は外部の存在であるとの視点はドラッカーにとって、最重要なものの一つです。

ドラッカーに学んでメガチャーチという巨大教会の組織で名をなした、ボブ・ビュフォードのエピソードがあります。

ビュフォードは、巨大教会の設立者として著名な、ハイベルズ師に話を聞いたときのことを次のように回想しています。

「最初に行ったことが、一軒一軒をノックして回ることだった。数か月の間、週6日、日に8時間、痛む手でドアをノックし続け、たった一つの問いを投げかけた。

『教会には行っていらっしゃいますか?』。

答えが『イエス』なら、お礼を言って次の扉をノックする。『ノー』なら、重ねて聞く。『おそれ入りますが、行かない理由を伺ってもよろしいでしょうか?』」（ボブ・ビュフォード『ドラッカーと私』）

大半の答えが「ノー」だったのに、さほどの想像力は要しないでしょう。

うち7割ほどは、教会への苦言を口にしたといいます。ハイベルズ師は彼らの反応を整理してみました。結果2つのことが浮かび上がったのです。

第1が、何かというと献金を要求されることでした。そして第2が、何から何まで退屈で、何もかもが一緒、「自分に関わりのあるものがまったく見当たらない」ことでした。

ハイベルズはこの苦言を糧に新しい教会を造っていくのですが、まさにドラッカーの言うマーケティングのお手本とも言うべき行動です。

そのためには、自ら外に出ていき、話を聞く。たったこれだけのことが、教会に行かなかった多くの人たちの集うメガチャーチを大成に導くことになりました。

マーケティングの理想

マーケティングの理想は、販売活動を不要にすることだとドラッカーは述べています。販売活動は、半ば強制的に自らを顧客にねじこむことです。対して、マーケティングは顧客の目線に立っています。目線の置きどころが逆なのです。顧客と同化し、何も足さないし何も引かない。売り込む必要がないというわけです。

武道でも、自然体は身体運用の基本です。環境と静かに響き合います。微弱な刺激に俊敏に動けるようにする。これがマーケティングの理想です。

自然体はイノベーションにも通じます。環境にオープンであるなら、変化に敏感にならないわけにはいきません。

イノベーションに成功する人は、例外なく保守的とドラッカーは言います。保守的な人は日々をシンプルな繰り返しのうちに生きます。繰り返す結果として、変化を知覚するようになります。前に挙げた、毎日同じ生活パターンを繰り返す人ほど変化を知覚できる例がそれです。

自然体な人には、変化が見えるわけです。逆に、あくせくと走り回る人には大切なものが何も見えないということになります。

自然体であるならば、資源や才能などなくても十分に生き延びることができます。環境に対してオープンな感度を保つことほど、確実な生存戦略はないからです。

強くある必要も、鋭くある必要もありません。ドラッカーは柔道戦略と呼びます。創造的模倣とも言います。弱くとも生き延びる方法です。ソニーがアメリカでトランジスタの特許を安く買い、ラジオを製造して大成功した例が語られるように、顧客の望みや期待を知覚できれば、隙間を模倣や創意工夫で埋められます。資源を持つ必要はないのです。実際に戦後の日本は無資源国にもかかわらず人の力で現に生き延びてきたし、発展してきました。

観察は立派な仕事

もう一つ、顧客がどんなときも首尾一貫した存在でなければならない理由などないということです。ドラッカーは言います。

「まったく異なる2つの役割において、同一の基準を使わないことこそ、合理的な人間にとっての唯一の合理的な態度である」（『創造する経営者』）。

あのときあのような行動をとったのだから、このときも同様の行動をとるだろうと考えるのは、人間の側の勝手な臆見にほかなりません。偶然あるときにうさぎが切り株にぶつかってきてくれたから、いつも同じ僥倖《ぎょうこう》が起こると即断するのと、変わりないのです。

相手が一つの基準で行動すると考えるのは、非現実的です。相手の知性を低く見積もっているからです。有能な参謀は、敵国の知性や情報収集能力が自国より高いものと想定します。それが多くの場合現実だからです。すぐれた棋士も同様です。相手が自分より愚かとはじめから想定するのは、自らが愚かなのだということです。相手の知性は高めに想定しなければならない。顧客が相手ならなおさらでしょう。

では、顧客に対するとき最も大切なのは、何でしょうか。目線がそれです。先述のように、ドラッカーは見る人でした。目が彼の中心的な器官だったわけです。ドラッカーが観察を自らのレゾン・デートル（存在理由）としたのは、そのためでした。たとえば――。

・観察することが、顧客の期待や望むものを探る第一歩である。

・観察を意識的に行うことで、ふさわしい素材も手に入れられるようになる。顧客の価値と現実を知ることができるからである。
・顧客の目に現に映っているものを観察することが、マーケティングの基本活動となる。
先ほどの引用「マーケティングの理想は、販売活動を不要にすることである」はまさに、「目線を合わせる」ことによって可能になるものです。顧客と目線が一つに融合してしまえば、売り込む必要がないからです。水が上から下に流れるように、ごく自然に顧客は製品やサービスを受け入れてくれるようになるはずだからです。

このようなドラッカーの観察法はとてもパワフルなものですが、基本にある考え方はシンプルなものばかりです。

そこでとりわけ重視する姿勢があります。
「観察はひとつの仕事なのだ」と知ることです。現実に観察は立派な仕事です。プロの仕事なのです。大方の予想に反して、観察は簡単な仕事ではありません。それというのも、人は見たつもりになっていることがあまりに多いからです。毎日使っている愛用品、たとえば時計やボールペン、ネクタイピンをじっくり見たことがあるでしょうか。1分以上見続けたことがあるでしょうか。どのような特徴があり、どのような形状をしているか理解し、言葉にできるでしょうか。
一度、心を空にして、いっさい口を利かずに、自分がいつも使っているマグカップを1分間見つめてみてください。どんな模様をしているか、どんなしみがついているか、取っ手の角度はどうなっているか……。いかに何も見ていなかったかを知ることになるはずです。

目はいわば脳の出張所です。まずはしっかりと観察することがひとつの仕事なのだということを意識することは、必要最低条件と考えてよいでしょう。

3節「知らないこと」を利用する

奇異な事柄

顧客はときにまったくの謎です。どうしてそのような行動をとったのかは、本人にさえわからない場合も多いのです。そのときに念頭に置いておくと便利な考え方があります。ドラッカーのものと同じ種類の思考用具なので、紹介しておきましょう。

コナン・ドイルによるシャーロック・ホームズのシリーズの最初の作品『緋色の研究』からの一節です。

「奇異な事柄はつねに推理の妨げどころか、手がかりになってくれる。（略）もっとも肝心なのは、逆向きに遡って推理する能力だ。これは大いに役立つうえ、すこぶる簡単に身につく術でもあるんだが、一般にはあまり活用されていない」（C・ドイル『バスカヴィル家の犬』）

現在ある状況が未来にどうなるかというのは、誰もが意識することです。たとえば、商店街がさびれてシャッターを下ろすところが増えているのを見て、商店街のさらなる下火を予見するのはたやすいかもしれません。

しかし、現在にいたるまでのある過去の時点でどうしてそこに商店街が形成されたのか、あるいは何がここに商店街を形成させたのかを問う人は少ないものです。これがホームズの言う逆向きの推理です。現在から過去に向かって後戻りしていく思考です。

このように逆向きに考えていくとき、「わからないこと」、「理解できないこと」自体が、考えるためのヒントになってくれることが少なくないというのです。ドラッカーは言います。

「顧客の、不合理に見える側面を尊重しなければならない。不合理に見えるものを合理的なものとしている顧客の現実を見ることこそ、顧客を市場や顧客の観点から見るためのもっとも有効なアプローチである。これこそ、市場に焦点を合わせた行動をとるためのもっとも容易なアプローチである」(『創造する経営者』)

ものごとの「わからなさ」は理解のための障害ではなく、反対に理解にいたる最短の道ということです。なぜなら、不合理に見えるということは、行動のなかに「未知なるもの」が存在することを暗示しているからです。未知なるものが、顧客の一見不合理な行動を基礎づけています。ならば、未知なる要因を探し出すしかありません。

そのための方法は何でしょうか。徹底的に観察するしかないとドラッカーは言うのです。ホームズも、現場を見るまではいっさい仮説を立てていませんでした。自らの仮説に自分自身が取り込まれてしまい、結局遠回りしてしまうからです。

「現場を見よ」が、顧客の「不合理性」に対するもっとも確実な行動です。さらには現場に出かけていき、顧客に聞くことだと言うのです。

予期せぬ成功

「企業が売っていると考えているものを、顧客が買っていることは稀である」（『創造する経営者』）とさえドラッカーは言います。たとえば、実際に世に出したら、予想もしなかった人たちが買い、予想もしなかった使い方をされることがあります。ドラッカーは「予期せぬ成功」と呼びます。徹底的に観察すべき焦点はそこにあると言うのです。

予期せぬ成功は、企業活動ではごく日常です。ある発展途上国で原動機付き自転車を発売したら、まったく売れなかった。しかしエンジンだけはよく売れた。水利のための水汲みポンプとして使っていた。そこに着想を得て市場を創造した、さらには農業革命まで引き起こした、などというのが、予期せぬ成功の典型例です。

顧客は誰かを知るには、企業という箱から出なければならないというのが、ドラッカーによる究極のメッセージでした。意味ある変化は外の世界で起こるからです。

企業は製品・サービスの提供を通じて、顧客を創造します。顧客とは、社会全体のいわば代理人です。ドラッカーが事業の目的を「顧客の創造」と述べたのはそのためであり、彼のマネジメントに伴う一連のツール的コンセプト――マーケティング、イノベーション、戦略等――は一つの例外もなく、「顧客の創造」を核として発展してきたのです。ドラッカー的知の湖沼群ともいえるものです。

だとすれば、顧客創造こそが、社会的責任の遂行そのものだということになります。逆に言えば、顧客創造の失敗は、社会的責任の遂行に失敗したことの証拠になります。

もし顧客創造に失敗し続けるならば、社会という舞台からの退場を勧告されることにならざるをえないでしょう。いわゆる「倒産」という現象がそれです。企業は顧客創造の成否にあって、利益という、わかりやすい「条件」を持ちます。顧客創造に失敗した企業が自動的に退場を宿命づけられるのは、企業や市場が持つ最もすぐれた特質とも言えるのです。

計画はリスクを引き受ける

幻の名著とされる『明日への道標』(1959)で、ドラッカーは述べています。「計画は、未来が現在と異なるとの認識からスタートしなければならない。計画がリスクを回避しうると素朴に信じられているが、それほどに危険な妄想もない。計画はリスクを創造し、リスクを引き受ける」。

私たちは計画と聞くと、旧社会主義圏の計画経済のような、硬直的で、義務的なものを想像してしまいます。しかし、ドラッカーの言う計画とは、飛行機で言えばフライトレコーダーのようなものです。目的地に行くまでに、厳しい天候があったり、何らかのトラブルがあったら、即座にルート変更を教える機器です。ですから、計画は状況に即して柔軟に変えてよいものです。このような計画の考え方は、複雑性の高いグローバルな知識社会ではむしろ必須の考え方です。

現実に状況は変わっていくものです。したがって、目標も柔軟に変更せざるを得なくなるのは織り込み済みなのです。いわゆるアクションプランです。

むしろ計画は立てた瞬間から、変更を運命づけられているとさえいえるものです。予定の案件が急遽キャンセルされたり、コストの条件をゼロから見直す必要が生じたり、想像もできないライバルが現れたり、予想外のことは頻繁に起きているからです。

その時大切なのは、計画そのものではありません。私たちは計画によってどのような価値を実現しようとしているのかを自問することです。

「経営者に贈る5つの質問」

ドラッカー最晩年の叡智の結晶とも言える「経営者に贈る5つの質問」があります。見たところ、簡単で、ごくシンプルな質問ばかりです。本当にマネジメントを体系的にとらえることができるのでしょうか。

①　われわれのミッションは何か
②　われわれの顧客は誰か
③　顧客の価値は何か
④　われわれの成果は何か
⑤　われわれの計画は何か

『経営者に贈る5つの質問』

けれども、これらの質問一つひとつにきちんと答えようと思うと、即座に答えが出て来ないことはわかるでしょう。簡単に見える問いほど、答えるのは難しいのです。

「あなたの人生の目的は何ですか」と問われれば、誰でも答えに窮します。たとえば、「あなたの会社のミッションは何ですか?」と問われて、即答できる人はさほど多くはないでしょう。

だからこそ、この問いに答えられるようになったときに、自らの事業の核というものが出来上がっていきます。企業を一本の樹にたとえるなら、根がしっかりと張っている状態です。「経営者に贈る5つの質問」を学ぶことで、根をしっかりと張り、幹や枝をさらに上に伸ばしていけるようになるのです。

4節　自分自身のマネジメント——時間管理法

『経営者の条件』は何を語るか

ドラッカーの著作で今なおもっとも読まれ、おそらく最大のファン層を形成しているものの一つが、1967年刊行の『経営者の条件』です。先にも出てきましたが、原題は*The Effective Executive*、「超できる人」といった意味です。エグゼクティブとは、成果に責任をもつ人を指しています。別に社長でなくともかまわないのです。新入社員でも、派遣社員でも、自ら責任への意思をもつ者は例外なく、エグゼクティブです。この本の一貫した関心は、「成果を上げる方法」にあります。ページ数では薄いほうですが、万巻の書に比すべき知恵が一行一行に込められた名著です。

ドラッカーは、最初に興味深い問いかけを行っています。「成果を上げる人に共通した特徴、気質、行動といったものがあるか」というものです。彼自身はじつにさまざまな成果を上げる人々と出会い、その一人ひとりをつぶさに観察してきました。ほがらかな人もいれば、むっつりしている人もいました。社交的な人、孤独な人、控えめな人、攻撃的な人、さまざまでした。

結果、彼は成果を上げる人に特徴的なタイプというものは、「存在しない」事実に思い当たります。成果を上げる人に共通するのは、ただ一つ、「成果を上げる能力」のみだったのです。

「ちょっと待ってほしい。確かに成果を上げる特別な特徴はないのかもしれない。でも、私はもっと自分に能力があれば、思ったとおりの成果を上げることができたのに、と悔しい思いをしたことが何度もある。そのなかで、『成果を上げる能力』などという都合のいい能力が存在するのか。そんなものがあれば誰も苦労しないはずだ」。こう言いたくなるかもしれません。

確かにそのとおりです。成果を上げる能力そのものを獲得するのは簡単ではありません。けれども、能力は、手段や方法、習慣、そして何より考え方を伴います。いわば知識です。知識は誰でも学び、身に付けることができます。このスキルこそが、『経営者の条件』の主題ということになります。

時間からスタートする

では、スキルとはどのようなものでしょうか。最も核となるスキルは何なのでしょうか。そもそもそんなものはあるのでしょうか。

あるのです。一例を挙げましょう。

ドラッカーは、「私の観察によれば、成果を上げる者は仕事からスタートしない。時間からスタートする」と述べています。

『経営者の条件』が最初に焦点を当てる条件が、「時間」です。成果を上げる人に特徴的なのは、「時間から考えること」と言うのです。簡単に言えば、できる人はある仕事を見て、まず「これはどんな仕事か」を考えない。「この仕事はどの程度の時間を要するか」を考えるのです。

時間が大切なのは、自分ひとりではありません。組織社会の現代にあって、自らの時間と他者の時間に同時に目を向けるのは、誰にとっても避けることはできないのです。

「時間から入る」――。このことは、誰であっても知り、実行することができます。しかも簡単です。時間が大事なのは自分だけではありません。ともに働く人々にとっても時間はかけがえのない資源です。だからこそ、時間を管理しマネジメントすることが、成果を上げるうえで避けて通れない行動となるわけです。

時間管理とは、自らの時間が何にとられているかを知り、体系的に時間を理解することです。反対に、成果を生まない仕事で時間をとられないことです。人に任せられる仕事はアウトソーシングする、まずこれらのことだけでも時間管理の価値があります。

そのためには、第一に時間を記録する必要があります。記憶するのではなく、実際に記録するのです。PCやスマホで記録してもよいでしょう。思っていたものとのあまりの隔たりに驚くはずです。

第二に、時間を管理します。不要なものを棄て、しなくてもよいことはしないようにするのです。

人に任せられるものは任せます。

第三に、こうして自由になった時間をまとめます。これではじめて、成果を上げるための準備が整ったことになります。

時間を記録する、不要なものを棄てる、まとめるという時間管理のステップそのものが、成果を上げる第一の段階です。毎日行う活動でも、よくよく考えてみれば、行わなくともまったく困らないものがあるはずです。つい見てしまうメールやSNS、あてのないネット・サーフィン、とくに目的もなく出ている会議、寝るまで消さないテレビ、などなど一つひとつ一日何回、どれくらいの時間を使っているか意識しなければなりません。すべてをやめてしまっても、何も困ったことは起こらないはずです。不安なら、三日だけやめてみて、支障が出れば再開すればいいだけのことです。

焦点は成果にある

ドラッカーの言わんとするのは、時間とは成果をあげる能力の基盤であるために、厳格にマネジメントの対象とすべきということでした。

反対に言えば、長時間労働が成果を約束してくれるというのは、幻想であるということです。長時間労働を能力や意欲の代理指標とするのは、間違いなのです。

にもかかわらず、いくぶん自慢げに「昨日徹夜したこと」や「三日寝ていない」などといって、自らの勤勉ぶりを吹聴する人は後を絶たないものです。マネジメントの焦点はいかなるときも、成果にあります。成果を上げる働き方にあります。成果を上げる働き方とは、長時間労働とは何の関係もありません。むしろ、ドラッカーの観察によれば、かえって成果を上げられない人のほうが長く働いていると指摘します。言われてみれば、この一文は大方の体感的事実に合致しているはずです。

「汝の時間を知れ」

ドラッカーは「汝の時間を知れ」とも言います。哲学者ソクラテスの言葉「汝自身を知れ」を、やさしく実践的に問い直したものでしょう。「あなたは自身がどこから来て、どこへ向かうのかは、知らないかもしれない。でも、あなたが何に時間を使っているかくらいは知っているでしょう？」ということです。シンプルにいえば、何に時間を費やしたか、そこにこそ自身を知る秘密の鍵があるということになります。

私の知人に、腕のいいデザイナーがいました。麻雀好きだったのですが、しばし仕事の前に同僚と雀卓を囲むのです。周囲からは四六時中麻雀を打っているようにしか見えないのに、仕事の締め切りに遅れたことは一度もなく、しかも仕上がりは常に一流でした。

あるとき、秘訣を聞いたことがあります。答えは、「時間から入るんだよ」でした。仕事の依頼を受けると、最初に、「この仕事は何時間かければ仕上がるか」を見るというのです。長年の経験値があるから、相当程度正確に、必要時間は割り出せます。それから、いま手元にある時間をまとめます。その差し引きで余裕があれば麻雀を打ちにいくし、余裕がなければただちに着手するというのです。

「時間から入る」習慣こそ、仕事のできる人に例外なく共通する要因とするドラッカーの所説とも、符合するのを知りました。

　ポイントはいくつかあります。まずはうまくいかない人に共通する落とし穴です。ドラッカーは時間に対する誤った楽観主義を戒め、次のように言います。

「成果の上がらない人は、第一に、一つの仕事に必要な時間を過小評価する。すべてがうまくいくものと楽観する。だが誰もが知っているように、うまくいくものなど一つもない。予期しないことが、常に起こる。しかも、予期せぬことは、ほとんど常に愉快なことではない」（『経営者の条件』）

　時間について現実が予想どおりにいくなど、ごく稀というか例外です。大半の場合、どこからか予測せざる出来事が持ち上がり、きちんと現実を攪乱してくれます。いざ企画書をまとめようと思うと、すでに済んだと思っていた案件のトラブルが発覚して火を噴く。電話対応に追われる。不意な来客や至急の返信を要するメールが生ずる。たいていは立て込んでいるときを狙い澄ましたように起こるのは、誰もが知るところです。

　おおかたの経験ある方は、ドラッカーのいう「予期せぬことは、ほとんど常に愉快なことではない」を、実感とともに首肯することでしょう（筆者は密かにこの一文を「ドラッカーの法則」と名付けています）。ならば、時間は不如意なものとの前提で、あらゆる時間をゆとりを持って読んでいくことが、避けられぬ指針となります。うまくいくものなど一つもない前提で仕事を計画していくことが、必須となります。そのための方法は一つしかない。前倒しを習慣化することです。締め切りのない仕事というものは存在しません。締め切りの数日前から一週間前にはあらかた格好がつくように仕上げておくことを、習慣化するのです。

一時に一つの仕事をする

村上春樹氏は、締め切りを守らないのが作家の甲斐性といわんばかりの文壇の風潮に違和感を持ち、余裕をもって仕事を仕上げる習慣を自身に定めていると、エッセイで書いています。おおむね継続的に成果を上げる人には共通した習慣のようです。

一部の例外を除いて、仕事のほとんどは小間切れでは役に立ちません。仕事は他の仕事と有機的に結びついて意味を持っています。その意味で、仕事は生き物です。石ころは二つに割っても石ころであることをやめませんが、仕事は二つに割ってしまうとただの無機的ながらくたに変わってしまいます。一つの商品プランや帳簿などを二つに分けたら、紙くずになるだけです。意味を失うのです。

ドラッカーがそのような仕事において成果を上げる人を観察し、得た結論の一つが、集中でした。彼は言います。

「彼らは一時に一つの仕事をする。その結果、他の人よりも少ない時間しか必要としない」（『経営者の条件』）

おおかたの実感と一致するのではないでしょうか。

会議の作法

上記の理路を踏まえてか、よくマネジメントされた組織ほど静かであるというのが、ドラッカーの観察結果だったと言います。これもまた多くの観察結果と合致するでしょう。

ごく身近な活動にも言えます。典型が会議です。会議は本来人間同士の不完全なコミュニケーションを補うための工夫です。なのに、世の中の大半が会議に追いまくられ、うんざりさせられるのはなぜか。

コミュニケーションの円滑な組織ほどに、会議は少ないのも事実です。すでに情報共有が日常的に行われているからです。もっとも理想的な組織は、会議が全く開かれない組織です。逆にコミュニケーションに構造的な問題を抱える組織の会議は、一般的に言って、果てしなく長いものです。長い会議は人の意欲をそぐばかりでなく、限りある資源である時間を致命的なまでに浪費します。20人集まる会議で、一人の時間を15分浪費したら、合わせて5時間を浪費したのと同じことです。

しかも、課題設定なしに会議が行われ、単なる放談会に終始するなら、本気で注意が必要です。会議だけが機能していないのではないのです。組織全体が機能していないのです。ドラッカーは言います。

「方向づけのない会議は、迷惑なだけにとどまらない。危険である」（『経営者の条件』）

誰もが知るように、会議にあっては目的と何の関係もない漫談をはじめる人がいます。独演会をはじめる者までいます。披瀝するためだけの知識を披瀝する人が現れます。現れないのではと心配する必要はありません。必ず現れます。

撲滅は簡単です。ルールを明確化すればよいのです。目的に関係のない発言を禁じることです。事前にアジェンダをきっちりと文書化しておくことです。おしゃべりは文書に弱いのです。

もう一つ。発言する意思ある人には、事前に関係資料の回覧を義務づけることです。これを徹底するだけで、その場限りのおしゃべりにうんざりさせられることもなくなるし、何よりも本来の意味での情報共有が促進されます。もちろん会議時間が激減して、個々の本来の業務時間にその分労力を振り向けられるようになります。

そんな会議は何より静かである。侃々諤々、口角泡を飛ばし合うような会議など、会議が会議として機能していない証拠、せいぜいのところよくできた茶番に過ぎません。ドラッカーが提案するのは、次のような方法です。

「何月何日何時から次の趣旨の会議を開く。関係のある方、関心のある方は参加してほしい。決まったことは後日書面で報告する」、これを回覧すればすむというのです。そうすれば本当に関係のある者のみが会議に出席して、ほかの人たちは本来の業務を継続できるため、自然に生産性も高まるのです。

『経営者の条件』には、ささやかだけれど効果の高い仕掛けを、こんなふうにいくつも見ることができます。

「やめたことはありますか？」

よく知られるように、時間とは作ることのできるものです。では、どのようにして作るのでしょうか。ドラッカーはコンサルティング先の経営者に対して、しばしば「ここ半年であえてやめたことはありますか」と質問したと言います。これは時間管理の観点からも、見かけ以上に意味深長な問いです。というのは、ものごとを始めるよりも、やめるほうがはるかにエネルギーを要するからです。

一つの逸話があります。

ＧＥのジャック・ウェルチがＣＥＯになったとき、彼が考えていたことは二つあったといいます。一つはビジネスのグローバル化、もう一つはドラッカーに会うことでした。さっそくウェルチは連絡を取り、ドラッカーに会うことができたわけですが、彼はウェルチに次のように述べたというのです。

「あなたの会社は小さな電化製品から原発まで実に多様な商品群を擁している。だが、もしかりに今からすべてを一から始められるとしたら、現在の事業をすべて行うだろうか」。

もちろんウェルチの返答は「否」でした。「必ずしもすべての商品をやりたくてやっているわけではありません。それぞれがやむにやまれぬ経緯があって、やめられずにいるだけです」。ドラッカーは続けます。

「あなたはグローバル展開を考えているという。ならば、世界で一位か二位になれる見込みのないものはすべてやめてしまったらどうだろうか」。

有名な一位二位戦略のはじまりとされています。このストーリーのポイントは、必ずしも世界で一位と二位への特化を促した、いわゆる「選択と集中」にのみあるのではなく、時間管理の観点からも「何を捨て、何に集中するか」への意識をウェルチに促したところにあります。

意識して見直す

ＧＥのような巨大企業のみに限られるものではありません。どのような企業も、組織も、あるいは個人でさえも、単に過去から継続してきたというそれだけの理由で、今日もそれを行うという惰性を選択するのは、決して珍しいことではないからです。役所に限らず、前例の存在は未来の行動にとって大きな力を持ちます。もちろん、いずれもが日々の積み重ねのなかの必然ですから、すべてが無意味化しているわけではないのです。反対に毎日行っていることのなかには、ほぼ何らかの必然性があると見て間違いないところです。

しかしドラッカーが注意を促すのは、時間管理の観点からもそれらをしっかりと「意識して」、体系的に見直す点にあります。果たして日々行っている活動のうち、やめてしまって支障の出るものはどれくらいあるでしょうか。先ほどのウェルチにならって考えるならば、「もし今からすべてやり直すとしたら、今行っていることをすべて行う」のでしょうか。おそらくウェルチならずとも、答えの多くは「否」でしょう。

新しいアプリをダウンロードしてばかりいると、パソコン本体にかかる負担につい思いが及ばなくなることはありませんか。そんなときには、不要なソフトやアプリを体系的に初期化（アンインストール）していかなければ、システム全体がもたなくなります。このときも、ドラッカーが述べるように、尺度は「成果」にあります。成果を上げられたかどうかは、過去の目標と現在を照らし合わせる、いわゆるフィードバックによらなければわかりません。フィードバックが、時間管理における「体系的廃棄」の鍵なのです。

世の成功企業は例外なく、このような企業家的活動を日々の業務に取り入れています。

ＩＢＭはかつてコンピュータの王者のごとき企業でしたが、もはやハードの製造が競争力を持たないことを悟ると、一気にハード部門を切り離して、ソフトウェアとコンサル事業に特化してしまいました。どんなに過去の成功を支えてくれた事業であっても、時代状況のなかで成果を上げられなくなったり、自社以上の強みを持つ他社が現れたならば、大胆に廃棄する。これが最もイノベーティブな活動です。イノベーションというと、何かと新しい活動が連呼される傾向があるようです。しかし、イノベーションを見えざる根幹から支えているのは、この廃棄への意識にほかならないことは、あまり指摘されません。

大切なのは、日頃から廃棄すべきものが存在するのではないかという鋭敏な意識を持つこと、そしてそのためのフィードバック的行動を習慣化することにあります。体系的廃棄は、時間管理における王道なのです。

未来を縛らないように

最後に付言しておきたいと思います。

ドラッカーはすべからく、アクションプランをつくれと言います。緻密にアクションプランをつくり、状況の変化に一歩先駆けて修正していく姿勢です。

ただし、未来の行動を縛ってしまう計画なら、存在しない方がはるかによいとも言っています。

アメリカ建国の父たちは、「連邦制」という偉大な政治システムを創造しました。彼らの考え方は、戦略計画の理想形でした。現実とのすり合わせによって高次元の制度を手にするためのシステムでした。人権条項でさえ、「人権条項抜きでは批准せず」との各植民地からの要求に押され、入れることになったと言います。

基本姿勢は、ただひとえに「後世を縛りたくない」の一点に尽きるものでした。最も強い負の強制力は、自らのうちにあることが多いものです。紹介した「経営者に贈る5つの質問」では、「われわれの計画は何か」を考えたら、現実とのすりあわせを経て第一の「われわれのミッションは何か」に戻ってきます。このフィードバックが意味をもつのです。自縄自縛を定期的な見直しによって排除するためです。

ドラッカーにとっての計画とは、明日への指針であって、あくまで活用すべき手段であり道具です。縛られる必要はありません。積極的に利用すべきものです。

手段にとって変更は宿命であって、現実に合わせて柔軟に対応することが求められます。しかも過去、現在、未来のいずれをも縛らないものでなければなりません。この点を強調しておきたいと思います。

付節　「コロナ後」の世界を構想する

コロナ危機をめぐる連鎖的変化

新型コロナウィルス蔓延で、経済や社会などの麻痺が起こりつつあります。多くの人にとって今まで経験のないレベルの危機かと思うのですが、ドラッカーはこのような危機の時代をどのように理解していたのでしょうか。

ドラッカーにとって危機とは、比較的ありふれたものでした。彼自身が20世紀の連鎖的な危機の時代を生きた人でした。その観点からすれば、ドラッカーは危機に対処するプロフェッショナルであったともいうことができると思います。

本書の執筆時点では、まだ新型コロナウィルスの蔓延期にあたっており、収束を見るまでは、人との接触を控えるなどして、何とか乗り切ることが最善の策となるのはいうまでもありません。

しかし、いかなる危機もいつかは終わりを迎えます。あるいはまったく異なる種類の危機にとって代わられます。現在考えるべきは、今どのようにしてこの危機を乗り越えるかとともに、収束した後の世界、「コロナ後」を視野に入れておくことだと思います。

最も大切なのは、変化や危機を「創造的に利用する」という視点をもつことだとドラッカーは教えていました。現下の状況を見る限りにおいて一つ確かに言えることは、これまで種々の努力を重ねてどうしても変えられなかったことが、あたかもオセロの色がある瞬間から黒から白に塗り替えられるように、風景を一変させる変化のなかを私たちは生きているということです。

私は最晩年のドラッカーに自宅でインタビューした経験をもつのですが、そのとき最初にドラッカーが語ったことが、「真の変化は意識の中にある（The real change is in attitude）」というものでした。今回の危機状況が人間社会にもたらした最たるものは、まさしくこの意識の変化であったと思います。意識が変化することで、今までどんなに叩いてもびくともしなかった鉄の扉が、いとも簡単にばたばたと開くということが現に起こっています。

意識の変化が、どのような扉をごく自然な形で開けているのか、丹念に観察することからはじめるのが、変化を見ていくうえで意味をもつと思います。

もう一つ、マクロの変化、すなわちより大きなレベルでのトレンドを読むということがあると思います。ドラッカーは、長期的趨勢について、１９６０年代から２０２０年あたりまでを時代のつなぎ目にあたる時期（「断絶の時代」）ととらえていました。この時代認識によれば、19世紀から20世紀後半あたりまでの百数十年を一つの時代のまとまりととらえ、その後やってくる「のりしろ」のような約50～60年あまりの時間は――私を含む多くの方の人生はこの時期にすっぽり入っているわけなのですが――新しい時代への「身づくろいの時期」と考えていました。

ドラッカーは身づくろいの後に現れる新しい時代を、知識社会とか、ポスト資本主義社会とか、ネクスト・ソサエティとか、いろいろな名称で呼びましたが、いずれにしても私たちが慣れ親しんだ世界とは異なる、まったく新しい時代がやってくると考えていたのは確かのようです。何が違うかといえば、風景が違うのです。たとえていえば、車窓を流れる風景です。草原がただ続いている平野の風景から、雪を頂く急峻な連山、あるいは海が一面に見渡せる風景へと、いつしか変化していくようなものです。

ただし、次なる新しい時代というのが、偉大なる発展の時代になるともドラッカーは考えていました。「身づくろい」を経て、古い衣服を脱ぎ棄て、新しい衣服を身にまとうイメージでしょう。

コロナ危機が転換を後押しする

今回の新型コロナは、時代転換を急速に後押しする動きと考えることができると思います。

M・オークショットという著名な保守の思想家が言っています。変化の時代に選びうるのは、確実な損失か、不確実な利益かのいずれかであると。私たちは現在確実に、不確実な世界に突入しつつあるわけです。そして、その不確実さをも創造的に利用していく、したたかな知性としなやかな行動力が要求されている。この認識が重要だと思います。

ドラッカーは不確実な時代を生きるうえでの作法について、何を教えてくれていたのでしょうか。実は、彼が語ったことのほとんどは、そのことなのです。

「コロナ後」の作法を考えるうえで参考になるものばかりですので、いくつか紹介したいと思います。

第一に挙げられるのは、危機の時代になったからといって、無思慮で場当たり的な行動は避けるべきということだと思います。

現在を一艘の船にたとえれば、川を下っていくなかで、急に大岩のごつごつして幅の狭い「難所」にさしかかったようなものです。たくさんの船が転覆して川底に沈められてきたような危険なポイントです。

そのような難所は、本来避けて通れないものだと思うのですが、転覆するならいっそ自分から飛び込んで泳いで助かろうと思うと、たいていは激流のえじきになります。かえって泳ぎが得意だとうぬぼれている人ほど、命を失う確率は高いでしょう。

そのようなときほど落ち着いて、周囲を観察しなければなりません。かりに船が横倒しになったとしても、しがみついていれば、やがて穏やかな浅瀬に流れ着いて助かるかもしれません。激流の時代は長い歴史の中で見れば一時なのですから、少々見苦しくとも何はさておき、しのいでいくのが第一と思います。

では、しのいでいく上でのポイントをドラッカーはどう考えていたのでしょうか。

彼は、未来を予測しようとしても無駄だと、常々言っていました。未来を知ることなどできるはずがないからです。むしろ大きな声で「未来はこうなる。だから俺についてこい」と触れ回っている人たちに、ついていってはいけません。声の大きいだけの人についていくと、ろくなことがない。これは、ナチズムやスターリニズムで数千万もの命を犠牲にしてきた時代の人が強調する、20世紀最大の教訓といってよいでしょう。

大切なことは、すでに起こっていることの中にあります。私たちが具体的な実感とともに理解できることです。どんなに小さなことでもいいのです。小さくとも確実なところから、未来を構想していくということだと思います。

ドラッカーはそのような事象を、「すでに起こった未来」と呼びました。

「すでに起こった未来」はどこにある

すでに起こった未来とは、未来において実現されることとは、いきなり現れるのではなく、一つの例外もなく、リードタイムをもつ、ということなのです。

どのような形であれ一度実行された施策が、危機を脱した後にも継続することは、よく知られています。たとえば、今回の新型コロナの件で、密集を避けるために、在宅勤務が奨励されています。この在宅勤務の経験などは、次の時代に常識となる新しい働き方のリードタイムにあたっていると考えることができるわけですね。

実際に多くの方々が通勤時間の混雑を避けたり、自宅で仕事を行うことで対応しています。これなどは、一時官民が喧しくＰＲしていた「働き方改革」を、ごく自然な形で実現してしまった点で、少なからぬ意味をもつ事柄だと思います。

官民いずれで起こっていることであっても、現在例外的に行われていることが、少し後にはごく当たり前のように、誰しもの生活の一部となります。これなどは新型コロナが結果的に後押しした「すでに起こった未来」と考えるべきだと思います。

しかも、私たちの多くは、知識を使って仕事をしています。知識労働は本人の自律性や主体性によってしかマネジメントできないものです。在宅で仕事をしているからといって、ウェブカメラで上司が物理的にモニターしても、何の意味もありません。生産性は思考の「質」によって決まっているのですから。何時間パソコンの前にいても、何も生み出さなかったら意味がありません。

言い換えれば、働き方は生産性の尺度そのものなのです。おそらく働き方が変わっていくことで、遠からず労働の内容や、価値の創造方法、組織の形態まで一変してしまうはずです。そう考えた場合、私たちは危機をいたずらに嘆くだけでなく、かえって危機を未来に対してどのように創造的に利用するかを考えていくべきなのでしょう。

言い古された言葉をあえて使えば、「転んでもただでは起きない」、あるいは、危機による変化を自身の成長に「我田引水」していく、したたかな知性としなやかな行動力が求められているように感じられます。

大事なのは人と社会

コロナ禍の長期化で、大きな経済問題が浮上しているのですが、実は経済問題とは、社会という大きな問題の一側面に過ぎないのです。言い換えれば、単独の経済問題など存在しない、これがドラッカーの考え方でした。

ですから、未来を見ていくうえでの意味ある補助線は、経済がどうなるかという問い以前に、人と社会がどうなるかという問いでなければなりません。

人と社会を考えたとき、とりわけ大きな意味をもつのが、学び方の変化だと思います。学びこそが、知識が価値を生むための動力源であるためです。

コロナ禍で、大学などは物理的な密集空間を避けるために、授業をオンラインあるいはハイブリッド型に切り替えてきました。おそらく、この状況はすぐには変わらないでしょう。

そのなかで、動画やＺｏｏｍなどのテレビ会議システムを活用した授業が、ごく自然な形で浸透しつつあります。この動きは新型コロナが収束した後々まで、学びに対して確実に巨大なインパクトをもたらすことになるはずです。「そもそも学校とは何か」あるいは「会社とは何か」という根本的な問いをも、社会に対して突きつけることになるでしょう。

すでにここ10年ほどで、語学の学び方が変わり始めてきたのは認識されていました。一昔前の人からすれば、教室の中で、本と授業で学ぶのがなじみの風景だったと思います。先生が教壇に立って、黒板を背に、生徒たちに一方的に話をするというものです。

けれども、言語はコミュニケーションそのものですから、一方通行という一事をとっても、あまり筋のいい学び方ではなかったと思われます。

最も有効な学び方は、実際に会話をしてみること、あるいは書いたり読んだりしてみることだと思います。10年近く前に、フィリピンのセブ島にあるオンラインの語学学校を見に行ったことがあります。現地の女性スタッフが世界中の生徒を相手に、自由に楽しく、しかも活発に会話をしている姿が印象的でしたが、そのときここに学び方の先端があるように感じたものでした。

現実には語学のみでなく、学びは社会のエンジンになっていると思うのですね。しかも、人生百年といわれる中で、二十歳前後まで学校で勉強して、後は社会人になって働くというものではなく、**働くことが学びとセットになっていないと変化に対応できない時代状況**になっていると思います。今役に立つ知識も、やがて確実に陳腐化していくのは避けられないためです。

人にはそれぞれ学び方にリズムや個性があるのに、個々の特性を無視したカリキュラムや授業によって、学ぶ力を開花させられないばかりか、能力や強みが委縮させられている不幸な人が多くいる。そのことをドラッカーは『断絶の時代』で指摘しています。ネットの教育への活用はそのようなミスマッチを劇的に改善し、かえって学校の先生が本来の教育に、持てるリソースをフル注入できる契機となるだろうと述べていました。

同じことは医療などでも言えそうです。基本となる診療や処方であれば、直接の対面を伴わずとも可能になっていますし、どんどん現実のものになってきています。

共通するのは、それによってプロフェッショナルの人たちが、雑用から解放されて、自分らしく創造的かつ生産的に、いきいきと活動するための生きた時間を手にするということです。ＡＩの進化についてもまったく同様だと思うのですが、本当の進歩というものは、ロボットが人の代わりになる社会ではなく、人をもっと人らしくし、人にしかできないことにフルに取り組める社会の実現にあるはずです。

上記の変化はいずれも、居住場所、時には活動時間さえ問わない自由なワークスタイルによって実現可能なものばかりです。

昨今、大都市やその周辺をめぐるリスクを切実に認識させるだけの事象が、立て続けに起こっています。大型台風による洪水や浸水はもとより、震災の予兆や、今回のコロナのようなパンデミックなどがあります。すでに誰もが認識するように、世界のどこかで起こった出来事が瞬時に全世界を覆うのは、ごく日常的な風景になっています（武漢の都市封鎖のニュースがあった２０１９年末、誰が現在のような状況を予期しえたでしょうか）。自然災害に限らず、経済やエネルギー、政治的なショックが速やかに明日の私たちの生活の脅威となる状況は、もはや避けることができない。この世界に安全地帯は存在しないということなのです。いや、安全地帯らしきものさえない世界になったのです。比喩で言っているわけではありません。正真正銘の現実です。

『ネクスト・ソサエティ』で予告されていた変化

そのなかで、あらゆる事象に共通するメガトレンドのようなものがあるとすれば、それは何でしょうか。ドラッカーが最後に書いた２００２年の書物のテーマが、まさにそのことなのです。

『ネクスト・ソサエティ』といいます。約20年近く前に書かれた本ですが、改めて読み直して、その洞察の深さ、指摘の的確さに驚かされます。

とりわけ、現在にかかわりをもつ変化として、知識を中心とする社会への明確な移行が指摘されており、３つの特質が挙げられています。

① 知識は資金よりも容易に移動するがゆえに、いかなる境界もない社会となる。
② 万人に教育の機会が与えられるがゆえに、上方への移動が自由な社会になる。
③ 万人が生産手段としての知識を手に入れ、しかも万人が勝てるわけではないがゆえに、成功と失敗の併存する社会となる。

いかがでしょうか。

まさにここまで述べてきた現代の社会現象の観察結果と、見事なまでに一致するのではないでしょうか。あるいは、コロナ後の社会のあり方を的確に描いているのではないでしょうか。そして、知識労働者になるうえで核となる指針を与えてくれているのではないでしょうか。

いずれであれ、ドラッカーが背景として強調している、一つの大きなメガトレンドをお伝えしておくべきでしょう。

繰り返しになりますが、人と社会が第一であるということです。

社会のもつ大切さに比較すれば、経済は二義的な意味をもつに過ぎません。ドラッカーの基本認識として、経済とは社会のごく一部の機能を担うものに過ぎないと言い換えてもいいと思います。

あえて言い方を変えれば、コロナ後を順風満帆にわたっていく船舶は、社会にとっての意味や価値を羅針盤に航海する大切さを知っていなければならないということです。

身近な業界に小売業があります。小売りや流通などはまさに、海とまともに対峙している産業です。本来、人と社会の最前線にあって、これからも変わることないミッションを保持し続ける業界といってよいと思います。

本来「流通」とは、仏教用語です。仏の教えを世の末端まで伝えるという、重い特命を帯びた考え方です。伝える相手は百人百様、千変万化していくわけですから、たずさわる方々は社会の変化に先駆けて学び続けなければなりません。そのためには、今回の危機から学んだ知識をどんどん仕事に適用していく必要があります（ちなみに、「知識」「経営」「営業」も仏教用語です）。

最後に、ドラッカーの発言を踏まえて、大事なことを再び述べておきたいと思います。

それは、**強みを生かす**、ということです。強みは、当たり前に行っていることのなかにあるものです。本人には当たり前過ぎて気づかないくらい、当たり前の中にあるのがふつうなのです。

『易経』に、窮すれば通ずという一文があります（『易経』は英語でBook of Changes「変化に処するための書」という意味です）。うまくいっているとき、人は現実を丹念に見ることもありませんし、深く洞察することもありません。反対に、ものごとが行き詰まってくると、いやがおうでも、観察力や洞察力が研ぎ澄まされてきます。

言うまでもないながら、現代は平時ではありません。乗り切るだけでも並たいていではない。けれども、どんなことにも探せば、よいところは一つはあるというのが私の考えです。危機にも役立てられることは、少なくとも一つはあります。

現状を内省する機会を与えてくれるということです。自社の強みは何か。自社の提供する真の価値は何か。自社はどのような責任を社会に対して負っているか……。

できないことをしようとせず、反対に、今までうまくできたことを、もっともっとうまくできるようにするにはどうするか。そのために、なすべきことはシンプルです。現状をしたたかに生き延びつつ、同時に変化をどう未来に対して創造的に利用できるかを考える。

それこそがドラッカーが教えてくれた、現代のプロフェッショナルたる知識労働者の条件なのではないかと考えています。

6章　知識社会と社会生態学をめぐる対話・後編

井坂康志
×
多田　治

1節　AI時代の人間と知識社会

意識変化を伴う技術革新

多田　ここまでたくさん質問させてもらって、ドラッカーが人間や社会のありのままの生態に目を向けていることが、よくわかりました。マネジメントにおける顧客の創造やニーズの把握なども、人間の価値充足、質的な側面にウェイトが置かれているのだなと思うわけです。知識社会において問われてくるのも、結局はそういう質的な価値の側面なのでしょう。

一方で、近年はAI、いわゆる人工知能が著しく発達してきています。将棋ソフトの例にみられるように、かつては人間が泥臭くやっていたことを、コンピュータがあっさり演算して数値化した答えを出してくれる、なんていう現象が進み、人間の営みに代わる領野がどんどん広がってきています。

これからの知識社会を考える場合、我々はこうしたＡＩと、どのようにつきあっていけばよいのでしょう？　そしてわれわれ人間のほうは、ＡＩを生かしながら、どういう知識労働を行い、どのような知識社会をつくっていけばよいのでしょう？

井坂　重要な問題だと思います。２００５年にドラッカーにインタビューしたとき、テクノロジーの変化をどう見るかとの問いに対し、「重要なのはテクノロジーの変化以上に、意識の変化である」と答えていました。人類はこれまでも、根源的な意識変化を伴う技術革新を、幾度も経験してきています。

戦後まもなく彼が議論したのはオートメーションでした。オートメーションは高度な機械化と情報化、双方を含んでおり、大量生産のためのインフラとして現在でも重要なものです。昨今はあまり工場が注目されないかもしれませんが、日常の用を満たす製品の大半はオートメーションによって生産されています。

オートメーションによってかえって労働の知識化は進むというのが、ドラッカーの見立てであったと思います。つまり、それによって肉体労働に代替される生

ドラッカー自宅でのインタビュー風景（2005年5月7日）

産性向上が図られ、結果として人間のみによってしかなされない知識の労働生産性向上へと大胆にシフトしていくと考えたためでした。

同様のことはＡＩについても言えると思います。反対に言えば、真の知識労働は、価値観や美意識、歴史など人間社会が蓄積してきた精神を豊富に含み込んでなりたっています。それらは人間にしか担えないものを含んでいます。わかりやすい領域が芸術です。芸術はどこまでも、個別の精神による個別の成果です。個別にもかかわらず美を通して、人と人を結びつける媒介項の役割を果たしています。知識労働の究極の形は、芸術なのではないかと私は考えています。

多田　私も、『企業とは何か』（１９４６）、『新しい社会と新しい経営』（１９５０）、『現代の経営』（１９５４）、『知識時代のイメージ』（１９６９）など、その時期の一連のドラッカーの著作を読み進めるなかで、同様のことに気づきました。

50年代あたりのオートメーションをめぐる議論は、近年のＩＴやＡＩをめぐる議論と、わりと似通ったところがあるんですよね。現代のＩＴ社会を考えるうえでも基盤を与えてくれます。経営系の本にも、社会への洞察が経営論の中に、具体的に埋め込まれている感じがします。

オートメーションのような技術（機械）は、技術そのものというよりは、その体系的な導入によって人間の社会や文化、知識、組織のあり方を変えてきたのであって、近年のＡＩやロボット、ＳＮＳなどの議論とも重なります。今の議論がこの当時、１９５０—60年代の議論を焼き直している面が相当にある点に気づかされ、一層いま参照しておく意義を感じました。

公務員試験の社会学のテキストで出てくるような産業社会論も、これまで概説書的な知識で片づけていましたが、今の時代・視点からきちんととらえ返す必要を実感しました。今日のＩＴ社会と組織運営、コミュニケーションの問題などを考えるヒントを与えてくれるように思われます。

井坂さんは、マクルーハンのメディア論にも、ドラッカーとつなげながら注目しておられますよね。いかがでしょう？

人間の拡張

井坂　マクルーハンとドラッカーは、同じ時代を生きた異端的知識人として、盗み盗まれるというスリリングな関係を築いていました。私はドラッカーの技術観は、ほぼマクルーハンからの友誼的剽窃と見ています。

マクルーハンのメディア論を読み解くキーワードとして、「人間の拡張（the extensions of man）」があります。メディアとは、人間の認識や知覚――本来それは五感や思考によるものですが――を拡張してくれる新しい器官なのだ、という考えです。ＡＩやＩＴを考えるうえで、「人間の拡張」は、ことのほか重要な意味をもっていると思います。

たとえば、ブルドーザーやパワーショベル、トラックなども、マクルーハン的に考えると、人力をはるかに上回る出力を伴う「人間

の拡張」と見ることができます。その意味では、あらゆる存在がメディアだということになります。それが思考や知覚を伴うものに展開していくと、スマホやSNSなどで世界中のどこにいる人とでも対話したり相互に理解したりできるようになる。これなどは「人間拡張の爆発」とさえいってよい大事件です。マクルーハンは「地球村」の発案者としても知られていますが、エレクトロニクスとテレビが世の中に出現した1950年代以降、地球が一つの村になることを直観したといいます。マクルーハンは次のように述べています。

「電子技術による新しい相互依存は、世界を地球村のイメージで創りかえる。巨大なアレクサンドリア図書館の建設にむかうかわりに、世界それ自体が、まさに初期の頃のSF本に書かれていたのとそっくりに、コンピューター、電子頭脳となったのである。そしてわれわれの感覚が外にむかったように、ビッグ・ブラザーはわれわれの内へとむかう」（マーシャル・マクルーハン『グーテンベルクの銀河系』）

なかなか予言的ではないでしょうか。

この直観は世界中に影響を与えています。ジョン・レノンなどもマクルーハンに会いに行き、鋭い触発を受けたのは、『イマジン』のモチーフにも表れている通りです。

ドラッカーも、ほぼマクルーハンの理解した世界像を忠実に受け継いでいたと思います。繰り返しになりますが、焦点は「人間の拡張」というワードにあります。

ただし、彼らにとって大事なのは、「拡張（extensions）」よりも「人間（man）」にあったというのが私の理解です。拡張を促し、従来不可能だったことが、劇的に可能になっていく。それでも、主体が人間であることには変わりがないのです。むしろ、拡張の程度が地球規模に拡がるほどに、人間の側の責任や倫理が鋭く問われるようになっていく。この考えは、晩年のドラッカーも強調していたように、21世紀の人間社会をめぐる最も中核的な問題意識になるのではないでしょうか。

多田　なるほど！　深い。実に深いです。そして、すごい！　マクルーハンやドラッカーが何十年も前に言っていたことが今日、実際にそうなっている。

スマホやインターネット、ＳＮＳのおかげで、たしかに私たちの手の届く世界は拡張し、かつて不可能だったことに、たやすく手が届くようになっている。しかし、「人間の拡張」が実現したからこそ、むしろ問われているのは「人間」のほうなんだというのは、何度も反すうして確かめたい指摘ですね。こういう便利な時代だからこそ、人間の側の責任や倫理が、むしろあらためて問われてくるのだと。実に示唆深いです。ありがとうございます。

2節　渋沢栄一とドラッカー

渋沢栄一とドラッカーの公共性

多田　今年２０２１年はＮＨＫ大河ドラマ「青天を衝け」でも渋沢栄一が主役に取り上げられ、渋沢イヤーですね。井坂さんは、「渋澤ドラッカー研究会」なるものの中心メンバーでもあられます。

渋沢栄一は、新1万円札の顔にもなり、歴史的な偉人であることはわかりますが、豊臣秀吉や西郷隆盛らと比べると、パッとわかりにくいところもあります。渋沢さんの、どういうところがすごいのでしょう？

また、渋沢とドラッカーはよく並べて語られますが、二人の共通点や接点は、どういうところにあるのでしょう？

井坂　私は渋沢栄一について何の専門性もないのですが、私の思うところを言うと、渋沢のすごさは、「そのすごさがきわめてわかりにくい」なかにあるのではないかということです。

豊臣秀吉や西郷隆盛などは、一つの時代的レジームをわかりやすい形で作った人だと思います。軍事であれ、政治であれ、一つの枠組みの創造に寄与した人。とくに政治的な業績の場合、天正とか明治のようにそのまま時代の名前になるのでわかりやすいわけです。

ところが、渋沢の業績は、主として経済や産業なのですね。

とりわけ知識産業のインフラを一手に担っていたといえると思うのです。インフラというのは、大切であればあるほど意識されにくい側面があります。舗装された道路を車で運転しながら、あるいは水道の蛇口をひねってお風呂を沸かすとき、いちいち「この装置は誰が作ったのだろう？」などと考

渋沢栄一（1840-1931）

えるでしょうか。たぶん考えませんね。

たとえば、「銀行」という言葉は渋沢の造語だそうですが、おそらく銀行員でさえ、銀行という語の由来など考えたことはないのではないでしょうか。渋沢は第一国立銀行のシステムを創設して自ら運営にあたったばかりでなく、紙幣の印刷業まで自分で作っていった人です。あるいは教育の基本ツールである教科書をつくるための製紙業まで、彼は考えていたのです。

渋沢の偉大さは、あえて誰も考えないくらい当たり前の基本をつくったところにあったと思います。そのせいもあって、渋沢はごく一部の人にしか、これまで名前を知られてきませんでした。私は彼と同じ埼玉県の出身で、「郷土かるた」という地元の偉人を顕彰するかるたがあったので、小学生のころから名前は知っていましたが、まさか現在のように脚光を浴びるとは想像していませんでした。


多田　なるほど〜。わかりにくさ！　その意味では、渋沢さん自身が、明治・近代という時代をつくり導いた、インフラそのもののような人物ですね。

私も、まだ考えがまとまっていないのですが。江戸末期、農・商・工・武（藍の生産・加工・販売⇩一橋家の家臣）、混ざり合った出自をもつところが、政府や企業の権力の中枢にはあえて入り切らずに、周りや外から支えるような立ち位置につながったのかな、ととらえています。一つの権力的地位に収まらなかったからこそ、いろいろな業種の会社や教育、人材育成に力を尽くせたのではないかと。自分では「渋沢財閥」を形成してもいないですし。

そこのところが、コンサルタントや「傍観者」の立場にこだわったドラッカーとも、通じるように思われます。

自由な得意分野の活動を行う私企業や個人を、あちこちに育てることで、結果的に**公共性**を達成してゆく。資本主義的な経済活動に、そのような営みやビジョンが成り立つことを見出していたところに、渋沢とドラッカーの共通性を感じます。

経済を道徳と一体化させてとらえるのは、アダム・スミスとも通じる発想ですよね。

知識人とはどのような人か

井坂　おっしゃる通りだと思います。ご指摘の点は、知識とは何かという課題とともに、知識人とはどのような人かという課題にもつながってくると思うのですね。渋沢栄一という人は、20世紀型の最初の知識人の一人だったと感じています。

一つの要因は、知識人がアウトサイダーとしての立ち位置を獲得したとき、最もよく機能するということです。渋沢は５００とも６００とも言われる会社や組織をつくったと言われますが、人的ネットワークのなかで、適任者にパスを回していたというのが実情です。一人ですべてできるはずもありません。このネットワークを機能させるうえで、アウトサイダー性は重要な要因だと思うのです。

アウトサイダー性を必然的にもつ仕事としては、ジャーナリスト、学者、コンサルタントなどがあります。これらは権力機構から一定の距離を置いて、はじめて機能する特性をもっています。

渋沢の場合、深谷の農民から身を起こして、今度は幕臣から明治政府という権力の中心を経て、再び民間に下っています。人生経路を大きくとらえると、周縁から中心、ふたたび周縁というものになると思います。これは渋沢が、自身の培った知識の生かし方を学んでいくプロセスとも見ることができるのではないでしょうか。

ドラッカーもまたよく似ているのです。社会生態学がまさにそれです。ドラッカーの場合は、渋沢と違って貿易省高官の息子として恵まれた出生環境にはおりましたが、やはりユダヤ人でしたから、知識を周縁的に活用していくことに活路を見出さざるをえなかったのだと思います。サイードが指摘する「特定の人種なり民族なりがこうむった苦難を、人類全体にかかわるものとみなし」たのです。ウィーン、ハンブルグ、フランクフルト、ロンドン、ニューヨークと、転出に次ぐ転出の生涯を送ったことは、自らのアウトサイダーとしての知識の用い方を知っていたことの表れだろうと思われます。

多田　そう、ドラッカーの場合、アメリカの東海岸から西海岸に移動して、そちらに長く拠点を置くようになったのも、意味深いですよね。

井坂さんは自宅を訪問されたのですよね。ロサンゼルスなどからも、離れていたのでしたっけ。おそらくそういうところが、居心地がよかったのでしょうね。

井坂　ええ。ロサンゼルスの近郊でした。山並みの美しい場所でした。東海岸とは違って、気候も温暖だし、人もどこか杓子定規な感じのしない、自由な土地です。ドラッカーの家にも何度か伺いましたが、とてもこぢんまりしているのです。あれほどの世界的な書き手ですから、ハリウッドスターのような豪邸を想像しますが、まったく違います。うっかり前を通り過ぎてしまったという人もいます。

カリフォルニア州クレアモント
のドラッカー通り

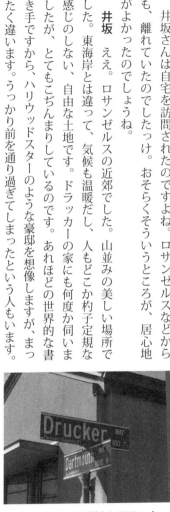

贅沢や華美なものにはまったく関心のない人だったのです。日本美術を愛好した彼の趣味は、浮世絵よりも、禅画とか墨絵のほうでした。「渋い（shibui）」もの、精神の世界へ誘ってくれる作品を愛し、しばしば来日して画商から作品を購入していました。尾形光琳、雪舟、白隠、与謝蕪村、渡辺崋山など日本人なら誰でも知っている画家や文人の作品が、今もドラッカー・コレクションに収められています。

書斎も質素でした。八畳くらいでしょう。机の上に大きな旧式のタイプライター、そしてファックスがおかれています。原稿はタイプライターと手書きで書いていました。パソコンはおそらくさわったこともなかったと思います。タイプした原稿に手をいれて、世界中の友人や出版社などにファックスで送っていました。

書棚を見せてもらったとき、いささかの驚きを感じたのを覚えています。ビジネスや経済などの書物がまったく見当たらないのです。文学、歴史、芸術関係の古典が多い印象でしたね。ドラッカーはやはり人に関心があったのだと、つくづく感じさせられました。

この点について話は少し戻るのですが、渋沢もドラッカーも、産業や経済を主たるフィールドに自己展開した人とすれば、やはりビジネスや金儲けは汚いことで、いやしくも知識あるものがあえて着手すべき領域ではないとの偏見があった時代だということは、ことのほか見逃されがちかもしれません。

アダム・スミスのご指摘がありましたように、経済もまた一つの社会的機能とする考えが底流になければ、道徳との合一などありえないわけですね。ただしゃにむに金さえ儲かればいいなどというのは、社会的に見たら単なる下品な破壊行為にほかならないわけですから。その点は、渋沢もドラッカーも、経済というものは社会の中の一側面であって、社会への貢献をもって利益が生まれるという考え方をしています。

実はこの考え方は、日本には古くからあるものです。江戸末期の農政家・二宮尊徳は、「貧富を分けるもの」を次のように説明しています。

「将来のことを考える者は富み、目先のことだけを考える者は貧する。将来のことを考える者は百年後のために松杉の苗を植える。まして春に植えて秋に実るものはなおのことだ。それゆえ富裕だ。目先のことだけを考える者は、春に植えて秋に実るものをなお遠いといって植えない。ただ目の前の利益に迷って、蒔かないでとり、植えないで刈り取ることばかりに目をつける。そのために貧窮する。

蒔かないでとり、植えないで刈る者は、目の前に利益があるようだが、一度とれば二度と刈ることはできない。蒔いて取り、植えて刈る者は、年々尽きることがない。そのために無尽蔵なのだ」（二宮尊徳『二宮翁夜話』）

利益は社会活動の結果にほかならないという考えだと思います。

社会学や知識の観点から渋沢栄一の業績は、どんなふうにとらえられるでしょうか？

渋沢栄一の業績

多田　まず、〈西洋近代〉〈資本主義〉なるものを、知識として日本に導入して広め、実践した点ですね。その意味では、彼がパリ万博を直接見てきたことは、とても大きかったでしょう。

江戸期の日本も、独自に発達し成熟してきていたけれども、西洋近代の諸制度からすれば、かなりずれていたし、未熟な点も多かった。銀行・金融の仕組みなどは、その典型でしょう。「殖産興業」、経済・産業・技術・企業組織の導入・立ち上げによって、欧米に並びうる一人前の国家をつくりあげる。「経済・産業を主軸にした近代国家・社会の形成」というのは、近世までの日本にはなかった新たな展開であり、その主導者が渋沢だったと言えるのではないでしょうか。

次に、実質的には息子の秀雄さんに担わせたのでしょうが、田園調布の開発や、鉄道・移動を軸にした広域的なまちづくり。これは、阪急の小林一三が関西で行っていたものを、東急において、東京圏で導入した功績。その中核にいたのが渋沢ですね。

東急を実質的に担うのは五島慶太で、西武の堤康次郎とともに、東京郊外において鉄道を軸とした広域的な住宅開発を担うデベロッパーとなり、その流れは彼らの息子らの代のバブル期まで続くわけですが、その出発点に渋沢がいたことも、社会学的にはなかなか感慨深いところです。

戦前の話に戻ると、財閥の形成や戦後の財閥解体などからしても、戦前期に財を成した人たちというのは、我々が知る昨今の状況と比べても、政財界トップへの富の集中は、なかなかすごかったんじゃないかと見受けられます。

小林一三（1873-1957）
阪急電鉄の創業者。箕面有馬電気軌道から発展させ、阪急沿線の住宅開発も行うことで、鉄道需要を高めた。阪急百貨店や宝塚歌劇団、東宝、阪急ブレーブスなども設立し、鉄道会社が商業・娯楽・文化・不動産などの事業も行いブランドイメージを高めるビジネスモデルを確立して、首都圏の鉄道会社と郊外開発のあり方に大きな影響を与えた。

そこで、その得た莫大な富をどう使うのかが、いっそう重要な問題になってくる。自らの力や組織をさらに強化・発展させるのか、より広い公益に向けて投じるのかで、分岐していく。渋沢の場合は明らかに後者ですね。得た富を決して私物化するのでなく、より高邁な目的、特に人材育成や教育に向けて投じていく点に、こだわりがあった。そこは、ドラッカーとも通じる点ですよね。

法人組織としての企業の（あえて言うと）「強欲さ」というのは、個人の意思には還元できない組織ぐるみのものであるだけに、すさまじくて手がつけられないところがある。ドラッカーがアメリカで『企業とは何か』の仕事以来見てきたのも、まさに企業組織のもつ両義性、強欲さと公益性の両義性でもあったのではないでしょうか。

「誰のための会社・企業なのか」という問いを、ドラッカーと渋沢はともに、投げかけ続けていたようにも思われます。

「利益はあくまで活動の結果であり、次なる活動への萌芽・手段である」と、くり返し言い続けましたが、ドラッカーのマネジメントやコンサルティングの方向性は、彼の手を離れてひとり歩きしてしまった感もあります。やがて彼が非営利組織に比重を移し、西海岸に拠点を置いていったのも、かなり腑に落ちるところが多いように思われます。

組織の合理主義

井坂　本当ですね。それにしても、渋沢をはじめとする20世紀初頭の志ある人々の存在にもかかわらず、どうして資本主義や企業は「強欲さ」の代名詞のようになっていくのか。

私自身、1990年代前半の大学生の頃は、いかに口では綺麗なことをいっても、企業は結局金儲け主義なのだと思っていました。あの頃の大学は、あまり企業との接点もそれほど密接ではなくて、純粋な学問に徹する雰囲気が残っていたように思います。

金儲けという露骨なものではなくとも、どこか商売を下に見るというか、そんな空気が残っていたと思うのです。

渋沢は早くから、商業へのいわれのない偏見を払拭しようと努力していたふしがあります。

多田　組織の「強欲さ」というのは、よく考えてみるとそれこそが、ドラッカーの批判していた「一元化された合理主義」であり、従来の主流派経済学の「ホモ・エコノミクス」にほかならないものですよね。ひとたび組織の目的が設定されてしまえば、そこに成立するのは、マックス・ウェーバーの言う目的合理性の貫徹する世界であり、官僚制機構が徹底して追い求めるもの。

おそらくここには、アダム・スミスの『道徳感情論』で提示された、経済と道徳の合一ビジョンからはねじ曲げられた、利益の極大化をこそ合理的とみなす考え方の問題があるでしょう。

目的合理性、機能性、効率性が徹底された世界には、人間は結局生き切れない。「もっと、もっと合理的になれ」というポジティブ・フィードバックの指令は、近代（とその延長上）に生きる人間を最終的には地獄に陥れる、悪魔のささやきなのです。むしろいつでも、人間をナチュラルな均衡点に立ち返らせるネガティブ・フィードバックの視点こそが求められるのであり、これこそドラッカーのいう社会生態学につながることでしょう。

他方で、経済活動・商業そのものは、前近代的で慣習的な見方から解き放たれる必要もあった。ヨーロッパでは貴族身分とブルジョワとの関係がそうで、第一次大戦などは、この関係変容の大きな契機となったことでしょう。

日本では、江戸期の士農工商の身分制度における、商の位置づけですよね。渋沢は、商業の教育・人材育成を高等教育にまで引き上げるのに尽力した。一橋大学の前身、東京商科大ですね。

全体主義的な空気

井坂　今言われた、「『もっと、もっと合理的になれ』というポジティブ・フィードバックの指令は、近代に生きる人間を最終的には地獄に陥れる、悪魔のささやきなのです」。

とくに冷戦終結と日本のバブル経済あたりまで、合理性のシンボル群にひどく汚染されていた気がします。この反対を提示する社会生態学の考え方は、多田さんや私の活動でいうところの、音楽なども包含されるのではないでしょうか。

多田さんはご自分で作詞作曲し、演奏して歌ってこられたわけですが、作品に込められたメッセージの核には、「人はもっともっと自分であっていいはずだ。もっともっと自由であっていいはずだ」という、上記命題への強い異議申し立てがあったように感じます。

多田　はい。いみじくも、我々が出会った頃のバブル（終わりかけ）の時代と、歌との対比が出てきたわけですが。

今のコロナ禍の状況がまた、まさにそうだと思うわけですよ。「もっともっと自粛を」「不要不急の外出・会食はお避けください」。これほど、目的合理性・機能性・必要性という領域に、我々の活動や思考が切り縮められた状況が、かつてあったでしょうか。

だから私は問いたいのです。この状況にドラッカーが生きていて、直視したら、何と語ったのだろう、と。この異様に全体主義的な空気に対して。「あの時代と同じだ」と、言うのではないでしょうか？

井坂 そうですね。選択肢が一つしかない自由は、奴隷の自由にほかならないわけですから。

多田 そもそも文化や芸術、学問、スポーツといったものが、不要不急なものですよね。経済活動だって、そうした不要不急なものを含めて、有機的に連関しあってトータルに成り立っているものである。渋沢は明治期日本に、様々な産業の諸領域を同時多発的に育てることで、有機的な産業の諸連環を立ち上げることに成功した。それこそ、近代日本の社会生態であったともいえましょう。

井坂さんが前の章で書いておられた、質的な価値の創造こそが重要なのですが、現在の状況は、質を不要不急として切り捨てて、量的なものへ還元し続けているような印象を受けます。

質から量への転換。これこそが最も原理的な質的転換であり、アダム・スミス的な経済学から主流派経済学への派生の局面と、同質のものでもあるでしょう。

井坂 確かに何が不要不急かは、致命的に重要な問題だと思います。一つには言葉の問題があります。先般亡くなった歴史作家の半藤一利氏は、自身の戦時中の経験から、漢字四文字に気をつけよと言っていました。「一億玉砕」「八紘一宇」「堅忍持久」などなど、日本人はこの種の語感によって思考を奪われてしまう。強い語感に誘導されて、内容を吟味せずに受け入れてしまうのでしょう。「不要不急」と聞いたとき、戦時の感覚はかくや、と思わずにはいられませんでした。一方で、どのような条件で不要不急が成り立つのかについての議論は、まったく聞きません。本当になくてはならないものに特化するのだとしたら、食糧生産とエネルギー、医療、そして最低限の物流以外はすべて不要不急になってしまうのではないでしょうか。

そもそもが、知識社会は不要不急によって成り立っている社会の典型なのだろうと思います。ご指摘のように、精神的存在としての価値を含み込んで成り立っているのが現代であるわけですから。

行き過ぎた定量化の時代——ドラッカーが「経済人」モデルとして批判したものですが——の特徴は、単位時間を絶対の尺度とする点です。一時間に何万個のピンを生産したとか、時給換算で可能な価値創造です。近代経済学の基本的な考え方は現代においても、単位時間で価値生産が算出できるという前提でしか成り立ちえません。ブラック企業などもそうです。人を時間でがんじがらめにして、心の中を流れる別次元の質的時間を殺してしまうのです。

このような考えは、社会学の中にもあるものなのでしょうか。

質的なものを扱う「科学」

多田　うーん、なかなか難しいですね。社会学って、そのなかのテーマや手法が多様で、乱立状態なので。ただもともと社会学はどちらかというと、自然科学や経済学、心理学と比べると、人間社会の質的な部分をとらえようとする志向性はもってきましたからね。

ただその際に、社会の多様で複雑な現実をとらえるための手法としては、客観性を確保するために、できるだけ量的・統計的なデータを用いるのが望ましいとされる傾向はあります。特に最近は、データサイエンス系が脚光を浴びているわけですが。

いずれにしても、社会学が「科学」を志向していることは、間違いありません。そのときに、**知識社会の質的な側面、知識・価値というそもそも質的なもの**を、どうやって「科学」するのか。これは、なかなか難しいのですが、本書に通底する非常に重要な課題でもあるでしょう。

井坂　とてもよくわかりました。ありがとうございます。

学生時代に評判になっていた村上泰亮『反古典の政治経済学』(中央公論新社)を先日ふと思ってめくってみたら、その主張がドラッカーに類似しているのに驚きました。ドラッカーへの引用もあるので、村上先生が参照していたのは間違いのないところですが、問題は「古典」の意味するところなのです。改めて読み返してはっきりわかるのが、古典とは、いわゆる科学主義的な価値判断なのですね。この古典的世界観への異議申し立てを社会科学の分野で行うという気概が生んだ大著ながら、村上先生は本書刊行後に比較的若くして亡くなっています。

では、同書では、古典に対抗しうるものとして何が考えられているかといいますと、生物的な世界観ということになります。いわば生態学的な発想です。とりわけ同書の刊行時は冷戦崩壊の記憶の生々しい頃ですから、どうしても資本主義と社会主義への言及が多くなるわけですが、反進歩史観とポストモダン的世界観が記述されています。

四半世紀前の本ながら、しみじみと感じるところがありました。

多田　なつかしい。ベストセラーでしたね。

3節　コロナ後の知識社会へ

多田　２０２０年からのコロナ禍そのものについては、皆さん直接体験してきたので、多くを語るまでもないと思います。このような状況が1年以上も続くとは、全く予想もしませんでした。しかも、現時点ではいまだ出口も見通せないでいます。あらゆる分野や場面で、路線変更を余儀なくされ、困っている人も多いと思います。

この充実した対談もいよいよ終盤を迎え、やはり最後はこの話題に入りたいと思います。これまで共有してきたドラッカー的な叡智を、この困難な状況下で、いかに生かしていけるでしょうか？　いかなる知識社会を立ち上げて、この困難に向き合っていけるでしょうか？

どのような知識社会を支持するのか

井坂　私見になりますが、コロナの世界に与える影響は、世界戦争のそれに類似しているのではないかと思うのです。もちろん戦争のような連鎖的な破壊を伴うことはありませんが、人間の側に起こる認識の変化について見れば、同種のことが進行しているように感じます。

最も大きな要因は、「分離」です。１９１４年にオーストリアの皇太子がセルビアの青年に射殺され、オーストリアはセルビアに宣戦布告しています。しかし問題はそこからで、歴史的に鬱積してきたヨーロッパの関係性が、戦争によって白日のもとにさらされるという効果を生みました。特定の紛争が、世界にとっての触媒となり、分離作用を起こしたことになります。

もちろん第二次大戦も同様で、日本は枢軸国側（ドイツ、イタリア）につき、連合国（米英中ソ）と対峙することになりました。

私は今次のコロナは、地球村化した世界における知識への姿勢をめぐる分離作用の、触媒になるのではないかと考えています。しかもその作用は、相当程度長期にわたるのではないでしょうか。

触媒となる問いは、「どのような知識社会を支持するのか」というものです。コロナのなかにおいて、社会は現時点では融合よりも分断の方向に向かっているように見えます。もてるものともたざるものという きわめて古典的な問いが共有され、ふたたびマルクス関連の著作が読まれるという不思議な現象まで起きています。

すでに私たちは知識をめぐるシステムのなかを生きているわけですから、19世紀に根差した理論を直接典拠とすることはできません。システムの主体になるか従者になるかの、ぎりぎりの選択の時期にきています。コロナ後には、一定の論争と闘争の一時期を避けて通ることはできないのではないでしょうか。ときには一国の社会システムの清算（敗戦時の日本のように）さえ経なければならないかもしれません。

多田　うーん、なるほど。たしかに、「もうひとつの戦争」と呼べるほど、同じくらい破壊的な影響を、長期にわたって及ぼしつつありますよね。

この1年でいろいろなことが、信じられないくらいに変化してしまいました。

知識社会と個の解放

井坂　はい。今後一気に激しい「調整期」を経ていくと思われますが、それでも希望はいたるところにあります。その最たるものは、知識についての応答責任主体が、どこまでいっても個人にゆだねられつつある点です。ドラッカーの問題意識に重なってくると思います。

ドラッカーは知識を、成果のために活用可能な資本と見なしているのですね。知識をインテリのたしなみとは見ていないのです。「知識は役に立つ、知識は価値を生む」。たったそれだけのことですが、21世紀の社会にとって革命的な意味をもつフレーズだと思います。

わかりやすいところから申しますと、通常資本というものは、一朝一夕に手に入れたり増やしたりできるものではありませんでした。19世紀のマルクスの時代でも、労働者がある日目覚めたら資本家になっているなどという状況は、想定していませんでした。しかも、生産手段は階級的に独占されていました。対して、知識は頭脳の中にあります。多くのユダヤ系知識人が、持ち運び可能な資本としての知識を身体的に実感していたこととも、関係しているでしょう。ある知識を組織的に独占するのは、原理的に不可能です。しかもそれは日々の現実になっています。ウィキリークスに見られたように、官僚や政治家の通常人目に留まらない情報リークが、ほとんど日常風景になっていることからも明らかです。

知識が個をプレーヤーとして流通している現実は、経済的には個の解放と、権力機構の変容を劇的に進展させていくのは、すでに起こった未来です。しばらく前まで、個人で動画を全地球にシェアできる時代がやってくると誰が想像できたでしょうか。

もはや世界は知識を媒介に、まったく異なる場所になったというのは、日々私たちの目にするところであり、この流れが元に戻ることはないということだと思います。


多田　うん、その意味では、ドラッカーが知識労働や知識社会について言ってきたことが次々に現実化していて、コロナ禍で結果的にいっそう促された、とも言えるわけですね。

知識という資本の持ち主・運び手としての個人が、確実に・劇的に、解放されてきた。これは、少なからずポジティブにとらえられる流れであり、有効に活用していきたい流れですよね。

その一方で、個人が解放され自由になってきているのはいいことだけれども、それだけでいいのだろうか。逆に個人化が行き過ぎてはいないだろうか。私も含めて、そういうところに不安や心配を抱いている人も、少なからずいると思うのです。

コロナ後の世界、ソーシャル・ディスタンスが基調となった時代にあって、人びとの「つながり」や「シェア」を、どう取り戻していけるか。いわゆる、ソーシャル・キャピタル。ブルデュー的に言うと、「社会関係資本」。そこと、これからの知識社会が、どうつながってくるか、ということでもあります。

井坂　そうですね。つながりやシェアが、分断的にではなく、融合的に働くことが期待できるように思います。

知識社会の時代のコミュニティ

多田　従来、強力な社会的結びつきのあったところには、とてつもないタテの上下関係、上司やら先輩やら、しがらみやら忖度やら権威やら癒着やら儀式やら、ズブズブのウェットなものが貼りついてきたので、昨今ではパワハラとも結びつけられ、ネガティブに見られがちですよね。

すでにコロナの前からネットやスマホ、SNSの力もあり、いい意味でしがらみから解放され、個人主義もいっそう進んでいた。そこへコロナ禍での自粛やステイホーム、オンライン化が、追い打ちをかけましたよね。

しかしここまでくると、本当にこの個人主義と自由、そればかりでいいのだろうか、と少し不安にも思えてきます。伝統・慣習的なしがらみから解き放たれた先に、このコロナ後の世界で、いかに有意味な社会的つながりやシェア文化を再構築していけるのかが、新たな喫緊の課題となってきているようにも思われるわけです。

その点で井坂さんは、この大変な2020年のうちに、渋澤ドラッカー研究会やドラッカー学会などの場で、オンライン会議のしくみを率先して活用し、連続的につながりと学びの場をつくっていかれましたよね。あの沈滞した雰囲気の中、決然と動かれた立ち回りの早さには、驚かされました。

井坂　多田さんの問題意識に共感いたします。渋澤ドラッカー研究会でも、参加者の持つ社会的資本は一切かかわりなく交流していますし、学歴や職歴を質問する文化がそもそもありません。これは知識社会を実質的なものにするうえで、重要な条件ではないかと思います。今回のコロナに際して私が行ったことの成否はともかくとして、お手本があったことは間違いありません。そのことはぜひとも触れておきたいと思います。

そのお手本とは、大学時代のサークルです。わせだフォーク村というのがその名であり、多田さんと私もそこで出会ったわけです。

現在は大学のサークルはあまりはやらないようで、加入しない学生も多いと聞きます。けれども、私が大学に入った１９９２年にあって、サークルのない大学生活など、ほとんど考えられないくらいでした。誰もが何かしらサークルとかかわりを持っていたと思います。

サークルは、一度故郷を出た若者に新しい居場所を与えてくれた場でした。東京や大阪のような都市で学生生活を送ることを決断した若者は、慣れ親しんだ故郷を離れなければなりません。誰もが忘れてしまっているかもしれませんが、故郷を離れるというのは、身を切るような実存的危機です。そこから、都市というどちらかというと機能的な人間関係に、新たに身を置くことになるわけです。

大学生の場合、サークルの意味は、趣味や同人以上に、まず人に居場所を与えるというところにあったと思うのです。私自身、埼玉の田舎を出て、ほとんど知己のいない環境に入ったとき、最初に受け入れてくれたのが、多田さんが幹事長を務めるサークルだったわけです。

やはり私はサークルによって居場所をいただいたというある種の成功体験がありましたから、同じことを人に対して行うことに、さしたる抵抗はありませんでした。私を含め、居場所を必要としている人は、世の中に数えきれないくらいいます。

多田　ありがとうございます。そういう、具体的なコミュニティの記憶って、今後新たなつながりやコミュニティを形成していくうえでも、きっととても大切なんだろうと思うわけです。

いまの基準や観点からすればもう、10年前ぐらいまでの組織や飲み会文化や合宿の伝統などというのは、不合理なものやハラスメント、負のしがらみの諸要素を、たくさん含んでいたと判断されることでしょう。少なくとも80〜90年代、00年代ごろまで、あくまで当時をリアルタイムで生きる中では、それが当たり前だったことも多いのでしょうが。企業のような公的組織であれ、サークルのようなインフォーマルな場であれ、いま振り返ると、わりと目茶苦茶だったよなあ、と回顧させられることが多いわけですね。

そういう、今日ではもはや不合理で、過去の遺物となった負の諸要素を抜き去りながらも、いかにして**コミュニティの良質の部分**、濃密さを確保していけるか。コミュニティや人のつながりそのものが、過去の遺物と化したわけではないからです。そこを明確に識別しておかないと、個人として自己完結する以外に選択肢がないような人や生き方が、増殖することに歯止めをかけられなくなってしまいます。

井坂さんは渋澤ドラッカー研究会という場を基点としながら、SNSやオンライン会議をフル活用して、そのような「知識社会の時代のコミュニティ」の実験的営みを、率先して継続しておられるのではないでしょうか。

「知縁」という新しい縁

井坂　ご指摘の点は切実に身につまされますね。私は思うのですが、もしかするとコミュニティや居場所は、個の活動よりも先にあるものなのかもしれない。マクルーハンの言う「メディアはメッセージ」を援用すれば、コミュニティは社会にとって容器であり、コンテンツはそれに伴って事後的に生起してくるものなのかもしれません。

というのも、私が高校を卒業して浪人した時、過去の人間関係を一度清算して東京の予備校に入ったのです。あのときの予備校体験は、勉強をしに行く場所というよりも、「自分を個として抱きとめてくれる場所」という感覚だったのですね。

同じことは大学についても言えます。巨大な大学でしたから、何もしなければずっと一人です。たくさん人がいるのに、下手をすると講義に出て帰るだけの生活にもなりかねない。大学にサークルが無数に生まれた背景には、人を「個」であっても、「孤」にしないという無意識の知恵があったのではないかと今にして思います。多田さんと出会うことができたのも、サークルというコミュニティによってですから、感謝してもしきれません。

人はコミュニティのない世界に、耐えられるようにはできていないのですね。このことは、「孤独」がすでに危機的なアジェンダとして、世界的に承認されつつある事実に表れています。世の中には企業や行政など無数に組織があるのに、すでにあまりにも機能主義化していて、個を抱きとめきれないのだと思います。利益や成果を過激に追求するあまり、人間が置き去りにされつつある。

一方で、コミュニティには「生ぬるさ」「湿度」がどうしてもなければなりません。「人肌」の部分がなければ、コミュニティはうまくいかないからです。人に完璧を要求する場は、コミュニティたりえない。

日本にはかねてから「地縁」「血縁」などと言われ、コミュニティが村落共同体として営まれてきた歴史があります。20世紀に入ると、都市部においても「職縁」「社縁」なども生まれ、個にとってのコミュニティが発展してきました。コミュニティはどうしても自他の垣根を低くしなければうまくいかないので、日本的なハラスメントや上下関係、公私混同などの温床ともなります。縁がうまくいけばいくほど、強化されてしまいます。

もはや現在では、それらの生ぬるいコミュニティは諸般の事情から、分が悪そうです。

私が研究会などで実験したいと思っているのは、「知縁」という新しい縁です。関心のある知識や経験などを持ち寄って、シェアしながら、あまり立場の違いを考えることなく交流できる場です。すでに8年になりました。

ただ、もちろん知縁といっても、最低限、知識そのものはもちろん、知識ある人への敬意がなくては成り立ちません。なんでも許されるわけではないのは、他のコミュニティと同じです。現在は知縁のための慣習やルールを模索しているところですが、知縁の秩序形成原理は、かつて存在したどのようなコミュニティよりも厳しいものだと感じています。

補足となりますが、コミュニティの役割として、こぼれ落ちた人たちをどう受けとめるかという、重要なものがあると思うのですね。私たちが浪人した時、代ゼミが果たしてくれた役割です。その役割が十全に機能した時、コミュニティは最もヴァイタルなものになると思います。

知識社会を考えるとき、知識ある者をどう遇するかとともに、知識社会からこぼれ落ちていく人たちをどう遇するかを、同時的に考えていく必要がある。デジタルの潜在的可能性は、まさしくそこにあると思います。ある意味では、知識社会において比較的優位にある人は、こぼれ落ちた人たちがこの社会に存在していることさえ、知らずにいる場合があまりにも多いのです。しばしばいわれるように、勝者の目に入るのは仲間とライバルだけで、その他は目の端にさえ入らないからです。

研究会を開いていても、いろいろなバックグラウンドの方が来られます。年齢、性別、学歴、職歴、関心、嗜好、さまざまです。知縁の創生にあたっては、「背景を質問しない」という文化がかなり大切のように感じています。「履歴書提出を義務付けない」ということです。そのことがひいては、その人物だけに注目する、そこにいるだけでいいという文化につながってくるといいなと思っています。知識及び知識ある者への敬意、これだけが唯一の資格になる場所が理想です。

多田　う～ん。実に感慨深いです。言うべきことを、すべて言っていただけたという気がします。30年ほど前に、あのサークル棟で出会った私たちが、今もこうして知や語らいの場を共有し続けるに至っていることにも、おそらく半ば必然的な、理由があるのですね。誠にありがたいことです。

進行しつつある、デジタル化を取り込んだ知識社会において、あらゆるバックグラウンドの人びとが、それぞれのリズムや個性、自律性を保ちながら、ドラッカーのいう〝強み〟を発揮していける。そういうゆるやかで温かみのある場や社会を、今後もつくっていきたいものです。本書も少しでも、その一助となればと思う次第です。もちろん行く手には、ますます一層の困難が待ち受けているにしても、それも織り込み済みのこととして。井坂さんには今回また、たくさんの覚悟と勇気をもらえた気がします。

ここまで多岐にわたって詳細に語ってくださり、本当にありがとうございました。

おわりに――新しい風景

井坂　康志

多田さんと初めて出会ったのは１９９２年５月のことです。今は大隈タワーの建っている、早稲田大学第二学生会館の（確か）10階音楽室前の廊下でした。

あの頃、今のようにスマホやＳＮＳはありませんでしたから、人と会おうと思うと電話かわざわざ出向いていくしかありませんでした。情報誌に掲載された「わせだフォーク村」の無駄に過激な煽り文句に導かれた私は、新歓会場に赴き、幹事長とおぼしき人物をつかまえたのでした。その方が多田さんだったのです。

以来、多田さんとは同じ学部だったこともあって、政治、経済、社会、哲学、思想、文学、音楽、そして書き切れないほどの雑多な新しい風景を共有できたのは、私にとってこの上なく幸いなことでした。昭和から平成に変わる頃の中学・高校をほうほうの体で脱出した私にとって、多田さんとの自由で人間的な交流ほどにこわばった心を溶かしてくれたものはなかったのです。それにしても、あの頃はすべてが埃っぽく、粗雑で、知識や情報はもっぱら本や雑誌、新聞からでした。電話やポケベルがフルに活躍していました。

多田さんと私は学生時代に「アイソレーションズ」という音楽ユニットを組み、多田さんのオリジナル曲をライブ演奏していました。昭和から平成にかけての学生の所在なさや呻吟を歌った曲が多く、多田さんの少しごつごつした詩と温かみのあるメロディアスな旋律が好きでした。

やがて多田さんは大学院へ、私は出版社へとそれぞれの進路を歩んでいくことになった1990年代の半ば、決定的な変化が世界を覆います。一つはウィンドウズ95が発売されたことです。秋葉原や新宿などの家電量販店では長蛇の列をなして、人々が争うようにウィンドウズOSを買い求めたのは1995年末のことです。さらにもう一つ、インターネットの商業利用を通して、世界は一つのショッピング・センターへと姿を変えました。

ただしあの頃、パソコンというとてつもなく巨大で高価なものだったし、インターネットと言ってもつなぐのにうんざりするくらい時間と手間のかかるものでした。それでも90年代半ばには世界を一変させるだけの技術的素地は十二分に整っていたのを、実感します。

90年代から現在に至る世界の変化を眺めるとき、改めて多田さんの指摘する「現実の二重性」のもつ重みを感じざるをえません。その最たるものが、知識そのものの変化です。もはや私たちにとって、本や雑誌、新聞は多くの知識媒体の一つに過ぎなくなりました。大学の講義もオンラインもしくはハイブリッドへとスタイルを変えました。

ご存じのように、多くの場合学生時代の人間関係は、社会人になると、仕事や生活という強い現実の前にひどく薄まるか、消滅してしまうことが少なくありません。けれども、多田さんと私においては、知識の変化と並走するように、それぞれ活動分野は異にしつつも、関係をイノベーションできたのは幸運でした。刷新の結び目は常に「知識」だったように感じています。それを決定づける象徴的な出来事が、２００４年の多田さん初の著作の刊行でした。私にとって今なおかけがえのない意味を持つ出来事です。大学卒業後、音信の途絶えた数年を経て、多田さんの記念碑的著作『沖縄イメージの誕生』を編集する役回りをはからずも遂行できたのです。本書は多田さんの博士論文をベースにしたものであり、同時に、多田さんと私の原点を確認させてくれた思い出の書物です。

さらに10余年、多田さんと私の間にまたもや劇的な関係性のイノベーションの機会が訪れました。「はじめに」で多田さんが言及してくださっている拙著『P・F・ドラッカー――マネジメント思想の源流と展望』の刊行です。多田さんはいち早く推薦文を寄せてくれたばかりか、本書をテクストとした講座や講演会を企画し、学生時代の音楽ユニット「アイソレーションズ」の復活ライブと二本立てで、日本全国を回るという血湧き肉躍る行動に駆り立ててくれたのです。

アカデミックな知識とは成り立ちが違うものの、音楽は知覚による知識の代表格です。知覚と分析、まさに「現実の二重性」に両面からアプローチしていく講演&ライブは、東京・明治大学、一橋大学にはじまり、函館から仙台、浜松、尼崎、長崎、壱岐にまで及びました。同ツアーを支えてくださった皆様にはこの場をお借りしてお礼を申し上げたいと思います。

さて、95年のデジタル化とインターネットの普及を境に知識の持つ意味が大きく変化したと述べました。改めてドラッカーの所説に耳を傾けるならば、彼の言う「断絶の時代」は今なお進行中です。「断絶」とは19世紀に基礎を持つ文明と21世紀的文明のつなぎ目を表現しており、おおむね１９６０年代後半から２０２０～２０３０年まで続くことになる。その後の時代はわれわれの見たことのない、後の歴史家のみが評価可能な時代になるだろうと述べていました。

そんな2020年、狙いすましたように、コロナ禍が世界を覆い尽くしました。何とも暗示的です。パンデミックは旧時代の残滓ばかりか、傾いた20世紀文明の屋台骨までをもなぎ倒し、新たな文明の指針を私たちの前に示してくれたようなところがあります。

ノアの洪水の後、鳩が若葉を運んでくるように、新しい文明の中心となる知識がどこに芽吹いているのかを見出したい――。本書がささやかながら試みたのはその点にあります。

奇しくも日本では、元号が平成から令和へと変わりました。私たちの多くは少なくとも二つ以上の時代を生きていることになります。「二つ以上」という認識が重要だと思います。異なる時代を架橋する論理や作法がどうしても必要になるからです。その範となる先達が、本書で示したドラッカーであり、渋沢栄一のような人たちだったのです。

すでに私たちは、草履をはいて刀を差していた江戸時代の人が、革靴に背広をまとうくらいの、まったく相貌を異にする時代を生きています。衣服や髪形などのわかりやすい形態をとっていないだけで、「現実の二重性」の主観や内面で進展する個々の世界においては、ある意味で明治維新をも凌駕する変化が進行中なのです。

ただし、明治期と異なる点が少なくとも一つあります。江戸末期から明治にかけて、渋沢栄一や福沢諭吉のような活躍ができる人は、ほんの一握りでした。社会の必要に対して、知識人の供給が圧倒的に不足していたからです。当時の知識人たちが、一人で何役もこなさなければならなかったのは、渋沢や福沢の生涯を見ても明らかでしょう。

ひるがえって、現在はどうでしょうか。知識そのもの、そして知識ある人たちであふれています。

実に豊かでかつカラフルです。彼らは組織やチーム、時に技術や論理、感性、総じて「知識」と言われる資源を駆使して、まったく異なる次元の生産性を実現しているように見えます。そして、少なくとも誰もが、そんな知識社会に参画する資格を備えているのです。

多田さんとの対話を通して、現在進行中の知識社会の諸課題について考えを深めることができたのは、私にとって感慨深い体験でした。それぞれのビルドゥングス・ロマン（自己形成物語）が必然的に投影されているだけになおさらです。

むろんコロナや知識をめぐる変化は展開中でもあり、控えめに見ても考察は限定的なものにとどまっています。それでも、この小著が多少とも新しい風景の一端を示すことができたなら、著者の一人としてこれにまさる喜びはありません。

最後になりましたが、本書を担当してくださった公人の友社の萬代伸哉氏、そして私たちの思いを諒とし、出版事情の厳しい昨今、刊行を受け入れてくださった同社社長の武内英晴氏のご厚意に心から感謝したいと思います。

２０２１年５月

主な参考文献

ハンナ・アレント、1994『過去と未来の間』斎藤純一・引田隆也訳、みすず書房
ハンナ・アレント、2005『暗い時代の人々』阿部斉訳、ちくま学芸文庫
池口小太郎、1968『日本の万国博覧会』東洋経済新報社
井坂康志、2016『自らをマネジメントするドラッカー流「フィードバック」手帳』かんき出版
井坂康志、2018『P・F・ドラッカー――マネジメント思想の源流と展望』文眞堂
上田惇生・井坂康志、2014『ドラッカー入門　新版』ダイヤモンド社
ノルベルト・エリアス、1994『社会学とは何か』徳安彰訳、法政大学出版局
エドワード・W・サイード、1998『知識人とは何か』大橋洋一訳、平凡社
渋沢栄一、1984『雨夜譚』長幸男校注、岩波文庫
多田治編、2017『社会学理論のプラクティス』くんぷる
多田治、2004『沖縄イメージの誕生』東洋経済新報社
多田治、2011『社会学理論のエッセンス』学文社
シュテファン・ツヴァイク、1999『昨日の世界Ⅰ』原田義人訳、みすず書房

コナン・ドイル、2014『バスカヴィル家の犬』駒月雅子訳、角川文庫
ピーター・ドラッカー、1959『変貌する産業社会』現代経営研究会訳、ダイヤモンド社
――、1999『明日を支配するもの』上田惇生訳、ダイヤモンド社
――、2002『ネクスト・ソサエティ』上田惇生訳、ダイヤモンド社
――、2004『新しい現実』上田惇生訳、ダイヤモンド社
――、2005『テクノロジストの条件』上田惇生編訳、ダイヤモンド社
――、2006『経営者の条件』上田惇生訳、ダイヤモンド社
――、2006『現代の経営』上田惇生訳、ダイヤモンド社
――、2007『創造する経営者』上田惇生訳、ダイヤモンド社
――、2007『断絶の時代』上田惇生訳、ダイヤモンド社
――、2007『ポスト資本主義社会』上田惇生訳、ダイヤモンド社
――、2017『経営者に贈る5つの質問　第2版』上田惇生訳、ダイヤモンド社
二宮尊徳、2012『二宮翁夜話』児玉幸多訳、中央公論新社
野中郁次郎・竹内弘高、1996『知識創造企業』梅本勝博訳、東洋経済新報社
野中郁次郎、2009「インタビュー――実践知　時代を挑発してやまぬ方法論」インタビュアー・構成／井坂康志、『文明とマネジメント』Vol.3、36-57
ウォルター・バジョット、2011『イギリス憲政論』小松春雄訳、中央公論新社
ボブ・ビュフォード、2015『ドラッカーと私』井坂康志訳、NTT出版

マイケル・ポランニー、2003『暗黙知の次元』高橋勇夫訳、ちくま学芸文庫
マーシャル・マクルーハン、1987『メディア論』栗原裕・河本仲聖訳、みすず書房
村上泰亮、1992『反古典の政治経済学』中央公論新社

執筆者紹介

井坂康志（いさか・やすし）

メディア・プロデューサー、ものつくり大学特別客員教授。1972年埼玉県生まれ。東京大学大学院人文社会系研究科博士課程単位取得退学。博士（商学）。著書に『ドラッカー入門 新版』ダイヤモンド社（共著）、『P・F・ドラッカー——マネジメント思想の源流と展望』文眞堂（経営学史学会奨励賞受賞）、翻訳書に『ドラッカーと私』NTT出版などがある。

多田 治（ただ・おさむ）

一橋大学大学院社会学研究科教授。1970年大阪府生まれ。琉球大学法文学部助教授を経て現職。早稲田大学大学院文学研究科社会学専攻博士後期課程修了。博士(文学)。著書に『沖縄イメージの誕生』東洋経済新報社、『沖縄イメージを旅する』中公新書ラクレ、『社会学理論のエッセンス』学文社、『社会学理論のプラクティス』くんぷる、『いま、「水俣」を伝える意味』くんぷる（共編著）などがある。

ドラッカー×社会学

コロナ後の知識社会へ

2021 年 5 月 25 日　第 1 版第 1 刷発行

著　者　　井坂康志・多田　治
発行人　　武内英晴
発行所　　公人の友社
〒 112-0002　東京都文京区小石川 5-26-8
TEL 03-3811-5701　FAX 03-3811-5795
e-mail: info@koujinnotomo.com
http://koujinnotomo.com/
印刷所　　モリモト印刷株式会社

ISBN978-4-87555-863-9